familiar
faces
verlag

Mädchen, Junge, Kind

Geschlechtersensible Begleitung und Empowerment von klein auf

familiar faces verlag

Autorin
DANIELA THÖRNER

Illustratorin
SLINGA

Mädchen, Junge, Kind

Geschlechtersensible Begleitung und Empowerment von klein auf

familiar faces verlag

INHALTSVERZEICHNIS

VORWORT

GABRIELA TEMESGEN,
TUĞBA TANYILMAZ, EDWIN GREVE

Als queere Communities vor über zwanzig Jahren auch in der Öffentlichkeit mit dem Unterstrich (_) begonnen haben zu gendern — also sprachlich sichtbar zu machen, dass es mehr als zwei Geschlechter gibt — wurde im Mainstream noch immer heftig diskutiert, ob mit dem Binnen-I überhaupt das generische Maskulinum infrage gestellt werden dürfe.

Heute gibt es in Deutschland ein rechtlich anerkanntes drittes Geschlecht. Um das Gendern wird noch immer gestritten. Von rechter und konservativer Seite kommen wiederkehrende Attacken gegen jedwede Schreibweise, ebenso wie gegen genderneutrale Toiletten oder gar gegen die Forderung nach respektvoller medizinischer Versorgung. Die Unterstellung lautet stets: Das Aufbrechen der Zweigeschlechterordnung und Heteronormativität würde Kinder schon in den jüngsten Jahren verwirren, in den Grundfesten ihrer Identität erschüttern und ihnen nachhaltig schaden. Dabei ist das Gegenteil der Fall.

Normen sollen das Miteinander in der Gesellschaft ordnen und als soziales Regelwerk kontrollieren. Während Normen wie Verkehrsregeln durchaus ihren Sinn haben und im Zweifel sogar Leben retten können, können Geschlechternormen jedoch sowohl strukturell als auch individuell tödlich sein. Das lässt sich unter anderem an Suizidraten von queeren Kindern und Jugendlichen oder an (cis)männlich begründeter Gewalt (gegen andere, aber auch gegen sich selbst) ablesen.

Für moderne Pädagogik, die sich dem Anspruch verpflichtet sieht, alle Kinder und Jugendliche in ihrer Persönlichkeitsentwicklung hin zu verantwortungsbewussten, solidarischen Mitgliedern einer Gesellschaft zu unterstützen, stellt sich die große Frage: Wie können Kindern und Jugendlichen Wege hin zu freien, selbstbestimmten Entscheidungen in Bezug auf Geschlecht und Beziehungen ermöglicht werden?

Mit diesem Leitfaden leisten die Autor_innen einen dringend benötigten Beitrag zu einer Debatte, in der es auch in der Fachwelt noch zu oft an gut erklärten Argumenten und kreativen Ideen fehlt, Normen zu überwinden. Als machtkritisches Projekt, das auch einen intersektionalen Ansatz hat, begrüßen wir von i-Päd die unterschiedlichen Stimmen und Perspektiven in diesem Leitfaden sehr.

»Intersektionalität« als Hauptschwerpunkt unserer Arbeit bezeichnet die Überschneidung von verschiedenen Diskriminierungsformen und Machtverhältnissen wie beispielsweise Homo- und Trans*feindlichkeit, Sexismus und Rassismus. Denn ein demokratisches Bildungs- und Erziehungssystem hat den Anspruch, für alle Kinder gleiche Chancen auf allen gesellschaftlichen Ebenen zu schaffen beziehungsweise zu ermöglichen.

Bereits im Kleinkindalter werden soziale Ungleichheiten reproduziert. Aufgrund eines Wettbewerbs unter Menschen mit unterschiedlichen Voraussetzungen schneiden sozial privilegierte Kinder in der Regel besser ab und haben in der Folge beispielsweise einen leichteren Einstieg in den Beruf sowie höhere Aufstiegschancen.

Menschen mit einem Erziehungsauftrag, Erzieher_innen, Pädagog_innen und Lehrkräfte sind an der Aufrechterhaltung von Differenzen beteiligt, auch ohne es selbst zu wollen. Hier gegenzusteuern, ist die Herausforderung, der wir alle uns mit der Lektüre dieses Buches stellen können. Über zwanzig Jahre nach dem

Tuğba Tanyılmaz

Tuğba Tanyılmaz ist die Geschäftsführerin vom Migrationsrat Berlin e. V. Sie ist die Mitbegründerin und die Projektleitung der Kompetenzstelle intersektionale Pädagogik (i-Päd). Ihre Schwerpunkte sind Intersektionalität, machtkritische Erziehung, rassimuskritische Bildung und Erziehung, LSBTIQ-Diskriminierung, Empowerment, Krisenintervention und Konfliktmanagement. Als selbständige Bildungsreferentin und Mediatorin bietet sie (Edutainment-)Vorträge, Workshops, Prozessbegleitungen, Organisationsentwicklung und Lehrveranstaltungen an.

Edwin Greve

Edwin Greve ist angehender Landespolitiker bei »Die Urbane. Eine HipHop Partei« und kandidierte 2021 für das Abgeordnetenhaus von Berlin. Ed ist Antidiskriminierungs-Trainer bei der Kompetenzstelle intersektionale Pädagogik (i-Päd) und beim Migrationsrat Berlin. Schwerpunkte seiner Projekte sind u. a. LSBTIQ-Rechte, Barrierefreiheit und machtkritische Bildung. Außerdem ist Ed Gelegenheitsperformer und Teilzeit-Grafiker. Mit seinem Comedy-Stück »Get Wheels« trat er u. a. schon in Berlin und Wien auf.

Gabriela Temesgen

Gabriela Temesgen ist seit 2017 staatlich anerkannte Erzieherin und seitdem in verschiedenen pädagogischen Arbeitsfeldern der Kinder- und Jugendhilfe tätig. Gabriela ist seit 2021 bei der Kompetenzstelle intersektionale Pädagogik (i-Päd) tätig und studiert zurzeit Soziale Arbeit an der Alice Salomon Hochschule. Ihre Schwerpunkte sind Arbeit mit geflüchteten Menschen, politische Bildung und machtkritische Bildung sowie Erziehung.

Aufkommen des Gender-Gaps können wir sagen: Auch heute noch bauen wir auf dem Wissen voneinander auf. In diesem Sinne freuen wir uns darauf, dass noch viele weitere Debattenbeiträge folgen werden und wir gemeinsam hin zu einer wertschätzenden Pädagogik für alle arbeiten. ~

Wir wünschen viel Spaß beim Lesen!

Gabriela Temesgen, Tuğba Tanyılmaz, Edwin Greve
Kompetenzstelle intersektionale Pädagogik (i-Päd)

EINLEITUNG

Die Vorstellung, dass Geschlecht etwas Eindeutiges ist, zeigt sich besonders, wenn Kinder ins Spiel kommen. Wir alle haben ein klares Bild von dem im Kopf, was wir mit »Mädchen« oder »Junge« meinen. Wenn wir über diese beiden Kategorien nachdenken, eröffnet sich ein ganzer Kosmos der Ideen, Vorlieben, Charaktereigenschaften, Äußerlichkeiten und Temperamente.

Sätze wie »Mein Sohn spielt einfach nicht mit Puppen« oder »Meine Tochter will nun mal ausschließlich rosa Kleider tragen« kennen wir alle. Wir haben sie gehört oder vielleicht auch selbst gesagt. Schnell folgt das Fazit, dass das doch irgendwie in den Geschlechtern angelegt sein muss.

Ist Geschlecht wirklich so eindeutig? Sind gewisse Vorlieben und Verhaltensweisen genetisch bedingt? Was haben die Begriffe »biologisches« Geschlecht, »soziales« Geschlecht, Gender, binär und queer damit zu tun? Sie alle verweisen darauf, dass es mehr gibt als zwei Kategorien, die in Kontrast zueinander stehen. Dieses »mehr« versuchen wir in diesem Buch zu greifen. Wir wollen näher hinschauen und Unsicherheiten auflösen, wir wollen komplexe Themen betrachten und Antworten finden. Wir wollen aber auch neue Fragen aufwerfen und den Raum geben, diesen mit Offenheit zu begegnen.

Wie wirkt sich eine Gesellschaft, in der Heterosexualität und Zweigeschlechtlichkeit die Norm darstellen, auf Kinder aus? Wo können wir als Eltern und Bezugspersonen ansetzen, damit diese Normen unsere Kinder nicht einschränken? Dabei geht es keinesfalls darum, alles Gewohnte und Geliebte sofort über Bord zu werfen, Kinder zu überfordern oder in neue Schubladen zu zwängen. Ganz im Gegenteil. Es geht darum die kleinen, alltäglichen

Momente zu entdecken, in denen Geschlechternormen wirken und die uns in einer Weise prägen, für die wir uns nicht bewusst entschieden haben.

Wenn wir diese Momente erkennen, können wir etwas verändern. Wir können Kindern einen Freiraum geben, der ihnen dabei hilft, ihre eigene Identität zu entwickeln. Wir wollen selbstbewusste Kinder, die alle Gefühle erleben dürfen, sich selbst wertschätzen, ihre eigenen Grenzen kennen und empathische Menschen werden. Dabei hilft dieses Buch: Es schult den Blick, gibt viele Anregungen und Alltagsbeispiele, vermittelt wichtige Begriffe und das nötige Fachwissen auf eine anschauliche Art.

Außerdem hält das Buch drei ganz persönliche Impulse von Nils Pickert, Aileen Puhlmann und Linus Giese bereit, die die Bedeutung einer geschlechtersensiblen Begleitung aus ihrer eigenen Perspektive betrachten. ~

SEXUALITÄT UND GESCHLECHT
SIND EIN
SPEKTRUM

GESCHLECHTSIDENTITÄT UND SEXUELLE ORIENTIERUNG — EINE EINFÜHRUNG

1

1.1. Wer bin ich und wen liebe ich?

Wenn wir der (gesellschaftlichen) Bedeutung von Geschlecht auf den Grund gehen wollen, müssen wir zunächst verstehen, was Geschlechtsidentität und sexuelle Orientierung sind. Deshalb widmen wir uns hier den Grundlagen, bevor wir im 2. Kapitel in die Praxis gehen. Es geht also darum, wer wir in Bezug auf unser Geschlecht sind und wen wir lieben und begehren. Vielleicht kennst du das Gefühl, zu diesen Themen irgendwie alles und zugleich nichts zu wissen?

Das Thema Geschlecht löst in seiner Komplexität und mit all den dazugehörigen Worten und Definitionen schnell Überforderung aus. Du magst selbst auch ganz andere Wörter und Beschreibungen kennen, als sie hier verwendet werden. Das Themenfeld ist sehr lebendig in seiner Entwicklung — Begriffe verändern sich, neue kommen hinzu, alte werden abgelegt und auch die Theorien dahinter sind in Bewegung. Das Gefühl, den Überblick zu verlieren, kennen viele und trotzdem ist es wichtig, an dieser Stelle nicht umzukehren. Dieses Kapitel ist ein Versuch, etwas Klarheit trotz aller Komplexität zu vermitteln und auch die Emotionen zu diesem Thema nicht außer Acht zu lassen. Manchmal müssen wir dabei unsere Komfortzone verlassen, um einen Schritt weiter zu kommen. Nimm dir die Zeit, die du dafür brauchst und erlaube dir all deine Gefühle. Auch der Austausch mit anderen Erwachsenen kann hier hilfreich sein. ~

1.2. Geschlechtsidentität — Wer bin ich in Bezug auf mein Geschlecht?

In Bezug auf Geschlecht wird häufig angenommen, dass es sich um etwas ganz Klares und Einfaches handelt; dabei setzt es sich aus mindestens drei Ebenen zusammen. Es gibt das sogenannte biologische Geschlecht, bestehend aus den Dimensionen äußere Geschlechtsorgane, innere Geschlechtsorgane, Hormone und Chromosomen. Es gibt das sogenannte soziale Geschlecht, das durch die Dimensionen sozialisiertes Geschlecht und gefühltes Geschlecht gefasst wird und das oft mit dem englischen Begriff »Gender« bezeichnet wird. Außerdem gibt es den Geschlechtsausdruck, der zum Beispiel Kleidungsstücke und -stile, Körper- und Haarstyling, Farbpräferenzen, das Verhalten, Interessen und Kompetenzen meint. Bei vielen Menschen stimmen nicht immer alle Dimensionen überein[1], was die Einteilung in cis, trans* und inter aufzugreifen versucht. ~

1 Siehe »Das körperliche Geschlecht: ein Mosaik. Was ist Geschlecht? Wie viele Geschlechter kennt die Natur? Warum sollten wir darüber reden?«, https://regenbogenportal.de/informationen/das-koerperliche-geschlecht-ein-mosaik

CIS

Wenn das biologische dem sozialen Geschlecht entspricht, wird das cis[2]-geschlechtlich genannt. Das bedeutet, dass beispielsweise zur Geburt verkündet wurde: »Es ist ein Mädchen!« und sich dieser Mensch auch im Laufe des Lebens als Mädchen oder Frau fühlt. Ganz klar und eindeutig sind Menschen und ihre Körper allerdings selten und so gibt es auch hier Varianzen. Auf der biologischen Ebene kann das bedeuten, dass Menschen, bei denen zur Geburt gesagt wurde, sie seien ein Mädchen und die sich auch als Mädchen oder Frauen fühlen, manchmal einen Hormonstatus haben, der von den Richtwerten her nicht der Norm entspricht – und trotzdem sind sie Mädchen oder Frauen. Es ist sehr gut möglich, dass du einige Menschen kennst, bei denen das so ist. Darüber wird selten gesprochen und vielen ist das selbst nicht klar.

Auch auf der Ebene des gefühlten Geschlechts gibt es Menschen, die nicht immer in ihrem Leben eindeutig sind oder waren. Manche beschreiben auch die Erziehung ihrer Eltern als eine, die nicht ihrem biologischen Geschlecht entsprach: »Meine Mutter hatte sich eine Tochter gewünscht und ich hatte das Gefühl, sie hat mich dann einfach als Tochter erzogen« oder »Mein Vater hat mich eigentlich immer wie einen Jungen behandelt«. Trotzdem leben die meisten dieser Menschen eine Eindeutigkeit von biologischem und sozialem Geschlecht.

An dieser Stelle fragen sich manche, warum es dafür unbedingt dieses Wort braucht: cis. Dies soll ermöglichen, dass über alles gleichberechtigt gesprochen werden kann. Wenn alles eine eigene Bezeichnung hat, gibt es nicht mehr die Norm (unbenannt) und die Abweichung (benannt).

2 Cis kommt aus dem Lateinischen und bedeutet diesseits. Das lateinische trans bedeutet darüber hinaus.

Wenn du deinem Kind erklären möchtest, was cis bedeutet, kannst du sagen: »Es gibt Menschen, bei denen zur Geburt festgestellt wurde, dass sie ein Mädchen sind und die sich im Leben auch als Mädchen fühlen. Ihr Körper und ihr Gefühl sagen das Gleiche.« ~

TRANS*

Neben Menschen, die sich cis verorten, gibt es auch Menschen, die sich trans*[3] verorten. Das bedeutet, dass die biologischen Dimensionen weitestgehend im Einklang sind, aber nicht zum sozialen Geschlecht passen. So gibt es beispielsweise Menschen, denen die Welt um sie herum spiegelt, dass sie den Körper eines Jungen oder Mannes haben und deshalb einer seien, die sich aber selbst wie ein Mädchen oder eine Frau fühlen. Andere empfinden die Einteilung in zwei Geschlechter als einschränkend und definieren sich als weder-noch, nicht-binär, genderfluid, genderqueer oder ganz anders.[4]

Es gibt Kinder, die sich schon früh mit ihrem zugeschriebenen und gefühlten Geschlecht auseinandersetzen, weil sie beispielsweise merken, dass die häufig engen Vorstellungen von Geschlecht nicht zu ihnen passen.[5] Das, was sie gelernt haben, was es heißt, ein Mädchen und ein Junge zu sein, fühlt sich für sie möglicherweise nicht stimmig an, denn ihre Vorlieben und Gefühle passen nicht in dieses starre Raster. Hier gilt es bei allen Kindern achtsam zu sein und sie liebevoll zu begleiten, ohne sich zu überschlagen. Das ist nicht immer leicht.[6] Manchmal stellen Kinder ihre Geschlechtsidentität infrage, weil ihr Entfaltungsraum eingeschränkt ist oder sie nur einen kleinen Ausschnitt des großen Ausdrucksspektrums von gelebten Geschlechtsentwürfen und Bildern von Männlichkeiten und Weiblichkeiten kennen. Aus diesem

3 Das Sternchen bei trans* steht für viele Endungen und damit auch für viele (Selbst-)Bezeichnungen. Es soll auch aufzeigen, wie konstruiert Geschlecht ist.

4 Begriffsdefinitionen findest du im Glossar.

5 Es ist nicht selten, dass sich bei Kindern, die sich als trans* verorten, herausstellt, dass sie inter sind.

6 Das Thema bekommt im 4. Kapitel nochmals Raum und wenn du noch mehr wissen möchtest:

Stephanie Brill, Rachel Pepper: »Wenn Kinder anders fühlen – Identität im anderen Geschlecht. Ein Ratgeber für Eltern«, Ernst Reinhardt Verlag, München 2011.

Jessica Walton, Dougal Allan Macpherson: »Teddy Tilly«, FISCHER Sauerländer, Frankfurt am Main 2016. (für Kinder)

Grund kann es hilfreich sein, einen Blick in das eigene Umfeld zu werfen. Wie vielfältig sind die Menschen in meinem Leben und im Umfeld der Kinder? Woran orientieren sich die Kinder? Habe ich die Möglichkeit die Vielfalt zu erweitern, damit meine Kinder verschiedene Weiblichkeiten und Männlichkeiten kennenlernen können? Wie kann ich durch Bilder, Bücher und Gespräche aufbrechen, was im gelebten Alltag einseitig ist?

Wenn du deinem Kind trans* erklären möchtest, kannst du sagen: »Manche Menschen kommen auf die Welt und es wird gesagt, dass sie ein Junge sind, aber in ihrem Leben fühlt sich das nicht passend an. Vielleicht finden sie, dass sie ein Mädchen sind oder sie finden es doof, dass die meisten Menschen denken, dass es nur Jungen und Mädchen gibt. Vielleicht sind sie beides. Sie wollen einfach nur sie selbst sein und nicht, dass andere entscheiden, wer sie sind.«

Die Entwicklung einer eigenen Geschlechtsidentität ist ein lebenslanger Prozess, der in frühester Kindheit beginnt und kein festes Ziel hat, sondern immer wieder in verschiedene Richtungen gehen kann. Allem voraus geht das Beobachten. Dem folgen die daraus gezogenen Schlüsse und die eigene Verortung: »Was sehe ich?«, »Das bedeutet also …«, »Das heißt für mich …«. Das Hineinschlüpfen in Rollen und das Erkunden von Identitäten sind ein wichtiger Teil von Identitätsentwicklung. ~

INTER

Neben cis und trans* bezeichnet inter Menschen, deren biologische Dimensionen — darunter fallen Hormone, Chromosomen, innere und äußere Geschlechtsorgane — keine eindeutige Geschlechtszuweisung möglich machen. Hier ist wichtig zu bedenken, dass die Richtwerte, ab wann etwas männlich oder weiblich ist, von Menschen gemacht sind und manche Körper aufwendig in diese Raster gepresst werden müssen, damit die gewünschte Klarheit erreicht wird.[7] Was das für Kinder, Jugendliche und ihre Familien im Aufwachsen bedeutet, ist für viele schwer vorstellbar. Es gibt in Deutschland keine offizielle Statistik über den Anteil intergeschlechtlicher Menschen an der Gesamtbevölkerung und die wissenschaftlichen Schätzungen variieren von 0,02 bis 1,7 Prozent — je nachdem, wie viele Formen von Intergeschlechtlichkeit berücksichtigt werden. Das heißt, dass schätzungsweise jedes 60. neugeborene Kind in irgendeiner Form intergeschlechtlich ist.[8]

7 Zum Thema geschlechtsangleichende Operationen nach der Geburt:

TransInterQueer-Projekt »Antidiskriminierungsarbeit & Empowerment für Inter*«, »Medizinische Eingriffe an Inter* und deren Folgen: Fakten und Erfahrungen« (Hg.), Berlin 2016, http://trans-interqueer.org/download/Publikationen/eingriffe_broschuere_inter_2016_sm.pdf

Clara Morgen: »Mein intersexuelles Kind: weiblich männlich fließend«, Transit Verlag, Berlin 2013.

8 Siehe »Inter-was?«, Regenbogenportal, https://regenbogen portal.de/informationen/inter-was

Wenn du mit deinem Kind über Intergeschlechtlichkeit ins Gespräch kommen möchtest, kannst du sagen: »Die meisten Menschen glauben, dass es nur Jungenkörper und Mädchenkörper gibt. Aber das stimmt nicht. Körper sind ganz verschieden. Es gibt auch Körper, die alles gleichzeitig sind.« Wenn dein Kind mehr erfahren möchte, kannst du beispielsweise das Buch »PS: Es gibt Lieblingseis« von Luzie Loda vorlesen.[9] ~

9 Buchempfehlungen für Kinder

Ursula Rosen: »Jill ist anders. Ein Kinderbuch zur Intersexualität.«, Salmo Verlag, Lingen 2018.

Luzie Loda: »PS: Es gibt Lieblingseis«, Marta Press, Hamburg 2018.

Gerda Schmidchen, Ivonne Krawinkel: »Lila oder was ist Intersexualität«, Intersexuelle Menschen e. V., Hamburg 2009. https://epub.sub.uni-hamburg.de/epub/volltexte/2014/30635/pdf/Lila.pdf

HETERONORMATIVITÄT, PATRIARCHAT UND CO

Eine Welt, die in Bezug auf Geschlecht einen großen Wert auf Eindeutigkeit legt, macht es allen schwer, sich frei zu entwickeln und sich selbst zu finden. Die Begriffe »Zweigeschlechtlichkeit« und »Heteronormativität« versuchen das deutlich zu machen. Zweigeschlechtlichkeit beschreibt, dass medizinisch festgelegt wurde, dass es ausschließlich zwei Geschlechter gibt und diese sich gegenseitig ausschließen sowie gegensätzlich sind. Diese Vorstellung macht trans* und inter unmöglich und verschafft durch diese Normierung allen Vorteile, die in diese Vorstellung passen.

Wenn du das mit deinem Kind besprechen möchtest, könntest du verkürzt sagen: »Es wurde einmal festgelegt, dass es normal ist, dass es nur Mädchen und Jungen gibt und dass diese beiden immer ganz unterschiedlich sind. Dafür wurde bestimmt, was ein ›richtiges‹ Mädchen und was ein ›richtiger‹ Junge ist. Alle Menschen, deren Körper da nicht eindeutig reinpassen oder die sich anders fühlen, sind nach dieser Vorstellung nicht ok. Aber dieses Bild von Menschen ist nicht richtig und nicht gerecht. Alle dürfen so sein, wie sie sind.«

Heteronormativität beschreibt, dass unsere Gesellschaft Zweigeschlechtlichkeit und Heterosexualität zur Norm macht. Es gibt demnach nur Frauen und Männer mit einer klaren Vorstellung davon, wie sie sich richtig kleiden und verhalten sollen sowie was sie zu interessieren hat und was sie gut können sollen. Dabei sollen sie heterosexuell begehren, lieben und leben. Heteronormativität beschreibt auch, dass Männer und Frauen in einem Machtverhältnis zueinanderstehen, was wiederum häufig mit dem Wort »Patriarchat« (übersetzt »Väterherrschaft«) beschrieben wird.

Wenn du das mit deinem Kind besprechen möchtest, kannst du das so sagen: »Viele Menschen glauben, dass es normal und richtig ist, dass es nur Frauen und Männer gibt. Sie denken auch, dass es Dinge gibt, die nur Frauen können, gerne machen oder interessieren. Sie finden es normal und richtig, dass alles, was Männer machen, ein bisschen toller ist und dass es nur richtig ist, wenn Frauen und Männer sich ineinander verlieben und miteinander leben. Aber das stimmt nicht. Das ist ausgedacht und eigentlich wissen wir schon lange, dass es nicht nur Frauen und Männer gibt. Wir wissen, dass Menschen unterschiedliche Körper haben, sich ganz gemischt verlieben, unterschiedliche Dinge gerne mögen und gut können.«

Das alles ist komplex. Bis wir es schaffen, mit Kindern darüber ins Gespräch zu kommen, braucht es manchmal etwas Zeit. Kinder können mit diesen Gedanken meist schneller etwas anfangen, wenn es uns gelingt, passende Worte zur Erklärung zu finden. Wenn allerdings Eindeutigkeiten aufgeweicht werden, empfinden im Gegensatz zu Kindern viele Erwachsene schnell Unsicherheiten, was zu ganz unterschiedlichen Reaktionen führt. Viele fragen sich, wie geschlechtliche Vielfalt in Worte gefasst werden kann, ohne Menschen zu verletzen, denn sie haben gehört, gelesen oder selbst

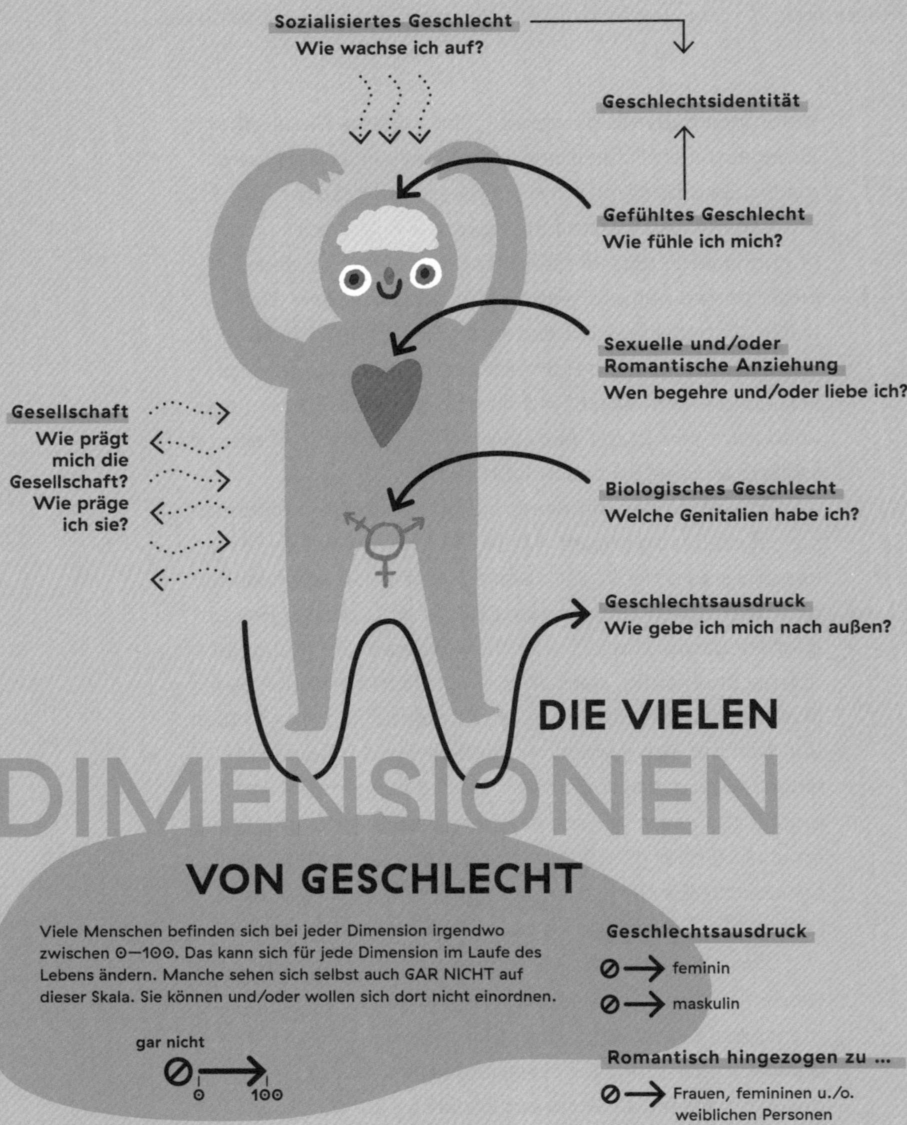

DIE VIELEN DIMENSIONEN VON GESCHLECHT

Viele Menschen befinden sich bei jeder Dimension irgendwo zwischen 0—100. Das kann sich für jede Dimension im Laufe des Lebens ändern. Manche sehen sich selbst auch GAR NICHT auf dieser Skala. Sie können und/oder wollen sich dort nicht einordnen.

gar nicht ⊘ → 0 … 100

Biologisches Geschlecht

- ⊘ → Weiblich-keit
- ⊘ → Männlich-keit

Bei Geburt zugewiesen[1]

- ○ weiblich
- ○ inter
- ○ männlich

Geschlechts-identität

Gefühltes Geschlecht

- ⊘ → Frau-sein
- ⊘ → Mann-sein

Sozialisiertes Geschlecht

- ⊘ → Mädchen-/Frau-sein
- ⊘ → Junge-/Mann-sein

Geschlechtsausdruck

- ⊘ → feminin
- ⊘ → maskulin

Romantisch hingezogen zu …

- ⊘ → Frauen, femininen u./o. weiblichen Personen
- ⊘ → Männern, maskulinen u./o. männlichen Personen

Sexuell hingezogen zu …

- ⊘ → Frauen, femininen u./o. weiblichen Personen
- ⊘ → Männern, maskulinen u./o. männlichen Personen

[1] Innere Geschlechtsorgane, Chromosomen und Hormone werden meist nicht betrachtet.

In Anlehnung an: »Genderbread Person« version 4 created and uncopyrighted 2017 by Sam Killermann.
Quelle: https://itspronouncedmetrosexual.com/2018/10/the-genderbread-person-v4

zurückgemeldet bekommen, dass ihre Wortwahl oder manche Formulierungen Menschen unsichtbar machen oder schlichtweg unpassend und falsch sein können.[10]

Ein wichtiger und vielleicht erster Punkt wäre es, zu beginnen, Menschen sich selbst definieren zu lassen und nicht höher zu bewerten, was wir oder andere sehen, meinen oder denken. Wir könnten uns fragen: Ist es inhaltlich relevant, von Männern und Frauen zu reden oder wäre es vielleicht sogar passender, über Menschen zu sprechen? Wie wichtig ist es, das Geschlecht von jemandem zu wissen? Was würde das verändern? Ist es wirklich relevant? Wenn wir das rein rational durchdrungen haben, kommt für viele die nächste Hürde: Kann ich die Unsicherheit aushalten? Wenn du hier übst, mutig und gleichzeitig liebevoll mit dir zu sein, wird sich etwas verändern und in dir wird nach und nach eine Ruhe einkehren. Du wirst vielleicht schmunzeln können über dich und deine Unsicherheit und sie wird Platz machen für Gelassenheit und einen offeneren Blick auf die Menschen — über ihr Geschlecht hinaus.

Mit deinem Kind kannst du darüber sprechen, indem du sagst: »Ich weiß auch nicht, ob das eine Frau, ein Mann oder vielleicht auch beides ist. Ist das gerade wichtig?« oder »Alle Menschen dürfen selbst entscheiden, wie sie leben wollen. Manche fühlen sich wohl dabei als Mann zu leben, manche sind gern beides und manche eine Frau. Das kann sich im Leben auch ändern.« Du kannst auch über Menschen sprechen, indem du ihr Geschlecht nicht benennst. Sag einfach »das Kind« statt »der Junge« oder »das Mädchen« oder »die Person« statt »die Frau« oder »der Mann«.

Wenn Kinder, die als Jungen aufwachsen, einen Rock tragen, löst das bei vielen Menschen verschiedene Gefühle aus und all die hier beschriebenen Grundfragen zu sexueller Orientierung (Wen liebe und begehre ich?)

10 Siehe »Sprache und Geschlecht«, Universität Osnabrück, https://uni-osnabrueck.de/universitaet/organisation/zentrale-verwaltung/gleichstellungsbuero/verknuepfte-seiten/sprache-und-geschlecht

und Geschlechtsidentität (Wer bin ich in Bezug auf meine Geschlechtsidentität?) werden gern vermischt oder durcheinandergebracht. Festzuhalten ist: In erster Linie ist ein Rock ein Kleidungsstück, welches einige Menschen gern und andere weniger gern tragen. Derzeit werden Röcke in Deutschland meist mit Weiblichkeit assoziiert, deshalb gelten sie nicht als neutrales Kleidungsstück. Das lernen und wissen Kinder früh und nutzen aus kindlicher Neugier die Möglichkeit, durch den Rock in eine Rolle zu schlüpfen, um diese kennenzulernen. Das gilt für alle Kinder.

Fälschlicherweise hält sich das Vorurteil, alle schwulen Männer seien »weiblich«, verhielten sich »weiblich« und bevorzugten demnach auch »weiblich« konnotierte Kleidung. Nichts davon stimmt. Allein der prozentuale Anteil von schwulen Männern, die gern »weibliche« Kleidung tragen, ist genauso hoch wie der prozentuale Anteil von heterosexuellen Männern, die ebenfalls gern »weibliche« Kleidung tragen.[11] In absoluten Zahlen sind es also sogar mehr heterosexuelle Männer, die gern Röcke, Stöckelschuhe oder Strumpfhosen tragen. Darunter sind noch nicht einmal die Männer gefasst, die finden, dass Röcke im Hochsommer schlicht ein angenehmes Kleidungsstück sind.

Wenn ein Kind, das als Junge aufwächst, nun ein Kleid oder einen Rock trägt, kann das Teil eines (Rollen-) Spiels sein oder ein Ausdruck des gefühlten Geschlechts. Ob dieses Kind sich später einmal als homosexuell outet oder sich als trans* definieren wird, hat damit definitiv nichts zu tun. Natürlich könnte es sein, aber das spielerische Experimentieren mit einem Kleid oder hohen Schuhen macht das Kind nicht »schwul«. An diesem Beispiel lässt sich gut aufzeigen, wo in unserem Alltag Heteronormativität wirkt.[12] ~

11 Siehe Ann-Marlene Henning, Tina Bremer-Olszewski: »Make Love. Ein Aufklärungsbuch«, Goldmann, München 2017, S. 89.

12 Siehe Nils Pickert: »Prinzessinnenjungs: Wie wir unsere Söhne aus der Geschlechterfalle befreien«, Beltz Verlag, Weinheim/Basel 2020.

1.3. Sexuelle Orientierung — Liebe und Begehren

Wenn Geschlechtsidentität bedeutet »Wer bin ich?«, schauen wir uns mit sexueller Orientierung einen anderen Aspekt unserer Identität an und fragen »Wen liebe und/oder begehre ich?«. Zwar ist noch nicht endgültig erforscht, wie sexuelle Orientierung entsteht, eins ist jedoch seit längerem bekannt: Sexuelle Orientierung entwickelt sich nicht durch Sozialisation, Erziehung oder irgendeine Art von »Verführung«.[13]

Mögliche sexuelle Orientierungen sind homosexuell, heterosexuell und bisexuell. Das bedeutet, Menschen begehren das gleiche Geschlecht, das jeweils andere Geschlecht oder alle Geschlechter. Manchen ist ihre sexuelle Orientierung schon in der Kindheit klar, andere entdecken sich immer wieder neu. Insbesondere die sexuellen Orientierungen heterosexuell und homosexuell gehen davon aus, dass es zwei Geschlechter gibt, sprich:

13 Siehe Gábor Paál: »Wie entsteht Homosexualität«, swr, 11.04.2019, https://swr.de/wissen/1000-antworten/gesundheit/wie-entsteht-homosexualitaet-100.html

Männer und Frauen. Durch inter und trans* wird diese Zweigeschlechtlichkeit allerdings aufgeweicht und die Begriffe funktionieren nicht mehr, sodass es neue braucht. Das ist überhaupt nicht schlimm, sondern eine logische Schlussfolgerung und die Anerkennung dessen, dass die bestehenden Begriffe einige Geschlechtsidentitäten, die es schon immer gab, nicht bedenken. So entstanden die Worte pansexuell und omnisexuell.[14] Menschen, die ihre sexuelle Orientierung so bezeichnen, machen deutlich, dass sie Menschen unabhängig von deren Geschlecht lieben und/oder begehren.

Ebenso wie die Menschen aller Geschlechter in unserer Gesellschaft bis heute nicht gleichberechtig sind, verhält es sich auch mit den sexuellen Orientierungen. Im Jahr 1872 wurde der §175 in das deutsche Gesetz aufgenommen, welcher sexuelle Handlungen zwischen Personen männlichen Geschlechts unter Strafe stellte. Dieser Paragraf wurde zwar immer wieder verändert, endgültig aber erst 1994 aufgehoben.[15] Zudem galt Homosexualität als Krankheit, welche erst am 17. Mai 1990 aus dem Diagnoseschlüssel für Krankheiten der WHO gestrichen wurde.[16] Erst am 7. Mai 2020 hat der Deutsche Bundestag Therapien zur vermeintlichen Heilung von Homosexualität unter Strafe gestellt. Bei Minderjährigen unter 18 Jahren sind sie demnach künftig verboten und bei Erwachsenen nur noch mit Zustimmung erlaubt. Wer vor 1990 in Deutschland geboren wurde, ist also in eine Gesellschaft hineingeboren worden, in der Homosexualität als Krankheit galt und in etlichen Fällen sogar strafbar war. Das prägt. Zudem macht es deutlich, wie tief verwurzelt Homophobie[17] in der deutschen Geschichte ist.

Im Jahr 2000 entschuldigte sich der Deutsche Bundestag erstmals offiziell bei den Schwulen und

14 Pan bedeutet »gesamt, umfassend, alles«, Omni bedeutet »ganz, jede*r, alles«.

15 Siehe »1994: Homosexualität nicht mehr strafbar«, bpb Bundeszentrale politischer Bildung, 07.03.2014, https://bpb.de/politik/hintergrund-aktuell/180263/1994-homosexualitaet-nicht-mehr-strafbar

16 Seitdem ist dies der Internationale Tag gegen Homo-, Bi-, Inter- und Trans*feindlichkeit.

17 Auch Homofeindlichkeit: Abwertung, Diskriminierung und Gewalt gegen Menschen, die homosexuell sind oder deren Verhalten als homosexuell gelesen wird.

Lesben, die unter den Nationalsozialisten verfolgt wurden und für den Schaden, der homosexuellen Bürger*innen zugefügt wurde. Die 2003 vom deutschen Bundesgerichtshof abgesegnete bürgerliche Lebensgemeinschaft (Verpartnerung) wurde 2017 durch das Gesetz zur Eheöffnung abgelöst (»Ehe für alle«), wobei auch hier die komplette Gleichstellung in Bezug auf die in einer Ehe geborenen Kinder noch aussteht, was mit dem Abstammungsrecht zu tun hat.[18]

Allein strukturell zeigt sich hier, dass Menschen, die nicht heterosexuell begehren und leben, Ausgrenzung und Abwertung erfahren. Und wir alle wissen um diese gesellschaftliche Realität. Wenn im Raum steht, dass das eigene Kind homosexuell sein könnte, tauchen bei vielen wohlmeinenden Eltern diesbezüglich Sorgen auf, auch aus der Angst, das eigene Kind könnte selbst gesellschaftliche Ausgrenzung und Abwertung erleben. Hier wird offenbar, wie weit der Weg in eine gleichberechtigte und diskriminierungsarme Welt noch ist. Daher ist es so wichtig, die eigene Wirkkraft nicht zu unterschätzen. Wir sind ein Teil dieser Gesellschaft und können helfen, sie so zu gestalten, dass unsere Kinder in ihr leben können, egal wen sie lieben und womit sie sich identifizieren. ~

18 Siehe Anna Katharina Mangold: »Stationen der Ehe für alle in Deutschland«, bpb Bundeszentrale für politische Bildung, 09.08.2017, https://bpb.de/gesellschaft/gender/homosexualitaet/274019/stationen-der-ehe-fuer-alle-in-deutschland

Hier stellen wir weitere Informationen zum 1. Kapitel für dich bereit:

Bücher, Instagram-Accounts, Onlinemagazine und Initiativen.

BLAUES ODER ROSANES LEBEN?
GUCK BABY, DAS IST UNSERE WELT!
NA HIER SCHEINTS JA GANZ SCHÖN VIELE REGELN ZU GEBEN...

LERNEN VON ANFANG AN

0 — 3 Jahre

2

2.1. Was wird es?

Schon zu Beginn der Schwangerschaft bewegt Eltern und ihr Umfeld, welches Geschlecht das Ungeborene hat. Es gibt Theorien dazu, wie der Bauch geformt ist, ob die Schwangeren hässlich (Mädchen rauben die Schönheit) oder schöner denn je sind, welche Speisen bevorzugt werden und vieles mehr. Hinter fast all diesen Theorien stecken stereotype Annahmen zu Geschlecht. Mädchen wollen demnach in erster Linie schön sein, sind süß wie die Lebensmittel, die vorgezogen werden und bewegen sich im Bauch angeblich weniger im Vergleich zu stets aktiven Jungen, die nach dieser Auffassung schon als Embryos ihre Kräfte zeigen. Das alles ist längst widerlegt und das wissen werdende Eltern, Hebammen und andere Expert*innen — und trotzdem halten sich diese Mythen hartnäckig.

Studien belegen, wie unterschiedlich Menschen mit den Kindern schon im Bauch in Kontakt gehen, je nachdem, welches Geschlecht sie ansprechen.[19] Das alles

19 Siehe Almut Schnerring, Sascha Verlan: »Er ist ärgerlich – Sie hat Angst. Eine Zusammenfassung verschiedener Baby X-Studien«, Die Rosa-Hellblau-Falle, 12.04.2018, https://rosa-hellblau-falle.de/2018/04/baby-x-experimente

prägt die ungeborenen Kinder und beeinflusst zugleich die Schwangeren und nahen Bezugspersonen. Einem Ungeborenen aufgrund des Geschlechts bestimmte Charaktereigenschaften und Vorlieben zuzuschreiben, schränkt die (Entfaltungs-)Möglichkeiten dieses Kindes schon von vornherein ein.

»Was soll es denn werden?«: Nur wenige nutzen die Option anderer Antworten, die es auf die Frage nach dem Geschlecht auch gibt, wie zum Beispiel »Ein Baby« (mit einem Schmunzeln) oder »Ich bin offen für alles.« Projektionen auf das Ungeborene sind für viele Teil der Vorfreude und dennoch haben sie oft einen unangenehmen Beigeschmack. Neben »Was wird es?« steht oft die Aussage »Hoffentlich ist es gesund!« Was implizieren diese Fragen? Und was ist, wenn das Baby im Bauch inter ist (also keine eindeutigen Geschlechtsmerkmale hat)[20] oder wenn es mit einer Erkrankung oder Behinderung geboren wird? Eltern und Nahestehende, die dies bereits in der Schwangerschaft wissen oder direkt nach der Geburt erfahren, kennen die einschränkenden Normen und all die Schwierigkeiten, die in diesen und ähnlichen klassischen Fragen und Äußerungen mitschwingen.

20 Mehr dazu im 1. Kapitel, S. 21.

Vielleicht fragst du dich jetzt: »Aber was darf ich dann überhaupt noch sagen?« Diese Gedanken kennen viele und nicht selten steigen Menschen an dieser Stelle aus. Für manche führt das zu weit. Oder es ist zu aufwühlend daran zu denken, wie die Eltern jener Kinder sich fühlen könnten. Meist stecken hinter diesen Äußerungen und Fragen Gesprächseinstiege, der Wunsch nach Kontakt und der Ausdruck von Vorfreude. Das ist sicher gut gemeint. Wir sollten aber die Möglichkeit nutzen, neue Gesprächseinstiege rund um Babys und Kinder zu etablieren. Wenn wir genauer darüber nachdenken, merken wir auch, dass beispielsweise Geschenke und Glückwünsche überhaupt nicht geschlechtsspezifisch gemacht werden müssen. In all diesen Situationen stehen oft Kinder – zum Beispiel ältere Geschwister des Ungeborenen – daneben und lernen. Du wertschätzt alle Kinder, wenn du an dieser Stelle beispielsweise sagst: »Wir sind ganz offen und freuen uns über unser Baby, egal wie und was es wird. Und auch wenn sie größer sind, sollen sie sie selbst sein. So, wie sie sich wohlfühlen.« Was dich an dieser Stelle motivieren kann neue Wege zu gehen, ist der Wunsch, dass dein Kind und alle anderen sich frei entwickeln können, über die dem Geschlecht zugeschriebenen Eigenschaften und Vorlieben hinaus und unabhängig von all den anderen Normen.

Häufig haben werdende Eltern bewusste und unbewusste Wünsche bezüglich des Geschlechts und verknüpfen diese mit individuellen Vorstellungen. Manche Eltern sind ganz klar in ihrem Wunsch nach einem Mädchen oder Jungen. Wenn es dann anders kommt, sind einige überraschend flexibel und glücklich, andere am Boden zerstört. Manche merken, dass sie unbewusste Wünsche zum Geschlecht ihres Kindes hatten, diese aber erst realisieren, wenn sie das wahrscheinliche Geschlecht erfahren und plötzlich Enttäuschung fühlen. So etwas passiert und ist völlig ok. Vielleicht warst du offen beim ersten Kind und mit klarem Geschlechterwunsch beim zweiten oder dritten. Oder andersherum.

Wenn wir genau hinschauen, erkennen wir, dass wir fast immer in zwei Geschlechtern denken und auch, dass wir uns nicht nur ein Mädchen, sondern eine Ronja Räubertochter wünschen oder nicht nur einen Jungen, sondern einen kleinen, coolen Skater, den wir schon früh in unserem Sohn sehen wollen. Doch was bedeutet das für unser Kind? Bei alledem ist es wichtig, ehrlich mit sich selbst zu sein und sich zu fragen: Was wünsche ich meinem Kind für die Entwicklung seiner eigenen Identität?

Und wo muss ich an mir selbst arbeiten, damit es sich durch mich gut begleitet frei entwickeln kann? Wo ist es wichtig, dass ich mir meine eigene Geschichte anschaue und wo wäre es gut, Abschied zu nehmen von Ideen oder Glaubenssätzen, die vielleicht nicht mehr aktuell sind und meinem Kind im Wege stehen können? ~

2.2. Prägung auf dem Wickeltisch

Wir alle haben von klein auf so viel über geschlechtliche Zuschreibungen gelernt, dass diese Vorstellungen unseren Kontakt mit Kindern maßgeblich beeinflussen. Selbst die Interaktion mit Babys orientiert sich bereits am Geschlecht, wie inzwischen viele Beobachtungen und Studien zeigen. So wird etwa mit Babys, die für Mädchen gehalten werden, mehr gesprochen und Babys, bei denen davon ausgegangen wird, dass sie Jungen sind, erhalten oft ein ausgeprägteres körperliches Bewegungsangebot.[21] Diese Umgangsformen prägen spätere Stärken und Vorlieben.

21 Siehe Almut Schnerring, Sascha Verlan: »Er ist ärgerlich – Sie hat Angst. Eine Zusammenfassung verschiedener Baby X-Studien«, Die Rosa-Hellblau-Falle, 12.04.2018, https://rosa-hellblau-falle.de/2018/04/babyxexperimente

HAHA ACH JA...
DER PULLERMANN
HAHA
ALSOOO DAS IST DEINE VULVA
ABER DA GIBTS NOCH VIEL MEHR
ZU WISSEN & ZU ENTDECKEN
OK COOL

Auch beim Wickeln zeigen sich Unterschiede, die einen Einfluss auf das Körpergefühl und das körperliche Selbstbewusstsein von Menschen haben können. Eine entspannte Wickelsituation läuft meist sehr wortreich ab. Es werden Körperteile wie Hände, Bauch und Füße benannt und Fingerspiele eingebunden. Der Körperbereich des eigentlichen Wickelprozesses bleibt dabei häufig unbenannt. Wo beim Nase- oder Zähneputzen eine sprachliche Begleitung für viele selbstverständlich scheint, wird bei den Genitalien oft auf direkte Benennung verzichtet.[22] Diese Nicht-Verbalisierung wird von den Kindern wahrgenommen. Sie lernen unbewusst, dass man über Genitalien nicht spricht, schlussfolgern, dass dieser Bereich möglicherweise nicht der Rede wert ist. Erlebtes Schweigen und gelernte Sprachlosigkeit verbinden sich hier.

Bei Kindern mit Vulva[23] liegt der Fokus beim Wickeln meist auf Sauberkeit und Wundsein.[24] Es wird häufig vergessen, wie empfindsam eine Klitoris ist. Kaum würde in gleicher Weise die Vorhaut vom Penis geschoben und die Eichel gesäubert, wie der Waschlappen zwischen den Vulvalippen entlangwischt. Das, was Kinder vom achtsamen Umgang mit der Eichel lernen, steht in großem Kontrast zur Behandlung der Klitoris. Was bedeutet das für das Gefühl zu diesem Körperteil?

Vielleicht bist du jetzt etwas aufgewühlt, weil deine Art zu wickeln hier eine neue Perspektive bekommt. Das erleben viele Menschen und das ist vollkommen in Ordnung. Als Eltern und Erziehende tun wir unser Bestes in unserem Umgang mit Babys und Kindern. Doch auch wir dürfen dazulernen. Manchmal sind wir fehlinformiert, unwissend und schlicht ohne bessere Vorbilder.
In Zukunft weißt du um deine Wirkkraft und kannst darauf achten, allen Genitalien die gleiche Achtsamkeit beim Waschen zu schenken.

22 Was an dieser Stelle allerdings nicht im Zusammenhang mit einer kritischen Auseinandersetzung mit Zweigeschlechtlichkeit steht.

23 Dies erleben alle Kinder, die eine Vulva haben, egal, mit welcher Geschlechtsidentität. Hier prägt das Geschlechtsorgan, daher die Formulierung.

24 Der Hygieneaspekt ist nur einer von vielen beim Wickeln (Bindung, Beziehung, Sprachlernen, Ritual, ...) und die Gewichtung von Spaß und Freude vs. Unangenehmes und Sauberkeit kann einen Unterschied machen.

Es geht noch weiter. Kinder mit Penis erleben häufiger eine Benennung ihrer Körperteile und einen lockeren, anerkennenden oder lustigen Umgang damit. Gelacht wird in der Interaktion, wenn es darum geht, diesmal nicht angepinkelt zu werden und wie achtsam ist der Umgang, wenn eine Erektion den Ablauf verzögert. Mit diesem Blick scheint es kein Wunder, wenn Dreijährige selbstbewusst und ungezwungen mit ihrem Penis sind und alle anderen Kinder mit verschränkten Beinen und betretenem Blick danebenstehen.[25]

Kinder brauchen Worte, um sich ausdrücken zu können und um uns Bescheid zu geben, wenn ihnen etwas passiert ist oder schmerzt. Sie haben auch Fragen zu ihren Genitalien. Doch diese können sie nur stellen, wenn sie wissen, dass dieser Bereich besprechbar und schützenswert ist. Wenn Kinder unsere Scham übernehmen, bleiben sie oft sprachlos und vielen Situationen gegenüber machtlos. Kinder brauchen konkrete Begriffe und vor allem die fachlich richtigen. »Jemand hat meiner Schnecke wehgetan« ist zu wenig, wenn ein Kind Hilfe braucht. Kinder müssen die Welt verstehen und sich ausdrücken können, auch, um sich Hilfe holen zu können. Im Alltag wird das sichtbar, wenn in den U-Untersuchungen auch die Genitalien angeschaut werden. Respektvolle Kinderärzt*innen fragen die Kinder an dieser Stelle um Erlaubnis und sollten verstanden werden, um ein echtes Einverständnis bekommen zu können.

Viele von uns sind selbst in einer Umgebung des schamhaften Schweigens und der Sprachlosigkeit aufgewachsen. Oftmals fehlen uns Vorbilder und die konkreten Worte für Geschlechtsorgane mit allen einzelnen Bestandteilen oder sie fühlen sich ungewohnt an, wenn wir sie aussprechen. Vor Kindern befremdet uns das manchmal noch viel mehr. Es dauert einfach

25 Scham setzt in der psychosexuellen Entwicklung zur gleichen Zeit wie die Schau- und Zeigelust im dritten Lebensjahr ein.

Siehe »Körpererfahrung und Sexualerziehung in Kindertageseinrichtungen und Tagespflege«, Senatsverwaltung für Bildung, Wissenschaft und Forschung Berlin (Hg.) mit Unterstützung der BZgA, Köln 2011, S. 7.

seine Zeit und braucht Übung, um ins Sprechen zu kommen, aber es lohnt sich und hilft allen Kindern in ihrer freien Entwicklung ungemein.

Wenn du deinem Kind Worte mit auf den Weg geben möchtest, fange mit der Benennung von Vulva[26], Vulvalippen[27], Penis, Hoden(sack) und Po(loch) an. Im kindlichen Alltag können Kinder zusätzlich die Begriffe innere und äußere Vulvalippen, Kitzler und Klitoris, Vagina, Vorhaut, Eichel, Pipiloch gut gebrauchen, um ihre Fragen zu stellen oder ihren Gedanken und Sorgen Ausdruck zu verleihen. Wenn du jetzt Sorgen hast, dein Kind zu überfordern, denke daran, wie du die einzelnen Finger benennst, wie du von Wimpern, Augenbrauen und Ohrläppchen sprichst, ohne dir Gedanken um die sprachliche Überforderung zu machen. Es mag leichter fallen, wenn du die Begriffe für Geschlechtsorgane erst einmal vor dem Spiegel übst oder mit anderen Erwachsenen teilst. Hier darf unbedingt herzhaft gelacht werden, denn das lockert und verarbeitet auf einfachstem Wege Unsicherheiten und Ängste. Oder stell dir vor, du würdest einem Kind das Zähneputzen erklären und übertrage deinen sicheren Erklärmodus auf die sprachliche Begleitung beim Wickeln. Vielen hilft diese Gedankenbrücke. ~

26 Warum das Wort Vulva? Das Wort Scheide benennt ausschließlich den Kanal hin zum Uterus, also einen inneren, nicht sichtbaren Teil des gesamten Geschlechtsorgans. Vagina ist lediglich die lateinische Übersetzung von Scheide. Wenn wir also vom sichtbaren Teil sprechen, der im kindlichen Alltag die größte Rolle spielt, ist das Wort Vulva das fachlich richtige. Wer sich mit dem Begriff Vulva und der Geschichte auseinandersetzen möchte:

Liv Strömquist: »Der Ursprung der Welt«, Avant-Verlag, Berlin 2017.

Katharina Schönborn-Hotter, Lisa Charlotte Sonnberger, Flo Staffelmayr: »Lina die Entdeckerin«, Achse Verlag, Wien 2021. (für Kinder)

27 Dies ist nur eine Variante, die versucht den Schamlippen ihre Scham zu nehmen.

2.3. Wie wir Geschlecht erklären ohne Geschlecht zu erklären

Im zweiten Lebensjahr haben Kinder schon viel zu Geschlecht und vor allem zu Zweigeschlechtlichkeit gelernt. Sie wissen, dass dies ein wichtiger Marker auch für ihr eigenes Leben ist. Schon jetzt fangen sie an, sich aktiver damit zu beschäftigen und sich selbst darin zu verorten. Erstaunlich ist, dass Erwachsene Kindern oft Zweigeschlechtlichkeit nahebringen, ohne Worte für Geschlechtsorgane zu verwenden. »Schau mal, der hat da unten was und du nicht. Er ist ein Junge und du bist ein Mädchen.« Kinder merken sich, woran Erwachsene zu erkennen scheinen, wann ein Kind ein Junge ist (trägt kurze Haare und dunkle Farben, spielt mit Autos, ist aktiv und laut) oder ein Mädchen (trägt lange Haare, Rosa- und Rottöne, Kleider und Röcke, weint häufiger, ist zurückhaltender, spielt mit Puppen und Kuscheltieren).

Wenn Wörter für Geschlechtsorgane benutzt werden, klingt es häufig so: »Jungen haben einen Penis, Mädchen keinen. Aber Mädchen bekommen Brüste, wenn sie erwachsen sind.« Was steckt in dieser Aussage? Die einen haben etwas, die anderen haben nichts. Mit dem einen kann man tolle Sachen machen (im Stehen pinkeln), das andere ist vermeintlich unsichtbar und soll auch nicht gezeigt werden (»Mach die Beine zusammen und den Rock runter, sonst können alle alles sehen«). Das prägt Kinder und erzeugt unterschiedliche Körpergefühle. Vor allem Kindern mit Vulva wird vermittelt, dass hier eine Tabuzone ist, die sich in der Unaussprechlichkeit manifestiert. Kinder brauchen Wörter, Zuwendung und Wertschätzung, um sich und ihren Körper zu schützen und zu lieben.[28] Wenn du es anders ausdrücken möchtest, kannst du sagen:

28 Leider gibt es noch immer viel zu wenige Bücher, die diesen Aspekt im Mittelpunkt haben. Zusätzlich zu den hier an verschiedenen Stellen empfohlenen Büchern lohnt es sich, immer wieder in Buchläden, Bibliotheken und online nach neuen Werken zu schauen.

»Das ist deine Vulva und das Kind da hat einen Penis. Mit beidem kann man tolle Sachen machen. Mit beidem können Menschen im Stehen pullern und es fühlt sich für die meisten gut an, sie selbst zu berühren.« Wenn dir wichtig ist, Geschlecht zu benennen, kannst du sagen: »Die meisten Mädchen haben eine Vulva und die meisten Jungen haben einen Penis. Manchmal ist das auch anders.« Kinder sind von diesen Formulierungen nicht verwirrt, fragen allerdings manchmal neugierig nach. ~

2.4. Vom Lernen durch Beobachtung

Wir Menschen lernen in erster Linie durch Beobachtung. Kinder beobachten die Welt, in der sie leben, ziehen ihre Schlüsse und setzen sich selbst in Bezug. Insbesondere in den ersten Lebensjahren gestalten Erwachsene diese Welt und Kinder finden sich darin zurecht. Wenn Mädchen mit zwei Jahren nur noch Rosa anziehen wollen, ist das nicht genetisch bedingt, sondern zeigt uns, was sie gelernt und glauben verstanden zu haben.[29] Das Gleiche gilt für Kinder, die als Jungen aufwachsen und mit dem Spielzeugbuggy ausschließlich Rasenmäher spielen. Was haben diese Kinder beobachtet?

Es besteht eine große Diskrepanz zwischen dem, was Erwachsene Kindern erzählen oder erklären und dem, was diese täglich beobachten können. Beispielsweise sagen aufgeklärte Erwachsene oft, Farben hätten kein Geschlecht. Doch das Spielzeug, die Kleidung und selbst die Zahnbürsten und Überraschungseier sagen etwas anderes. Wichtig ist, sich an dieser Stelle bewusst zu machen, dass die meisten Kinder in diesem Alter in erster Linie versuchen, die Welt zu verstehen, sich zu verorten und sich möglichst passgenau einzufügen. Was wird von mir erwartet und wie wird von wem reagiert? Sie begreifen die einzelnen Dimensionen von Heteronormativität durchaus.[30] Wenn dann die Beobachtungen nicht zu den Aussagen der Erwachsenen passen, kann diese Diskrepanz verwirren und ohne weitere Begleitung nicht konstruktiv umgesetzt werden. Beobachtetes wirkt stärker als ein Satz, der Normen aufbrechen möchte. Deshalb ist so wichtig, was dein Kind durch dich und das Umfeld vorgelebt bekommt. Du kannst zusätzlich zum kritischen Nachdenken anregen, indem du Sätze sagst wie: »Ich finde, alle Zahnbürsten sind für alle Kinder und jedes Kind darf sich aussuchen, welche ihm am besten gefällt.« oder »Manchmal fühle ich mich gut mit einem rosa Shirt und manchmal mag ich das nicht. Das dürfen alle selber entscheiden. Das darf sich immer wieder ändern.«

Kinder, die mit drei Jahren sagen, dass zwei Frauen nicht heiraten können, sind ein gutes Beispiel. Den Kindern wurde in der Regel nicht gesagt, dass zwei Frauen nicht heiraten können. Sie haben diesen

29 Siehe Petra Wagner: »Wie erleben junge Kinder Vielfalt«, in Petra Wagner (Hg.): »Handbuch Inklusion. Grundlagen vorurteilsbewusster Bildung und Erziehung«, Verlag Herder, Freiburg im Breisgau 2013, S. 91.

Siehe auch Tim Rohrmann: »Geschlechterbewusste Pädagogik – eine Gratwanderung«, in Petra Wagner (Hg.): »Handbuch Inklusion. Grundlagen vorurteilsbewusster Bildung und Erziehung«, Verlag Herder, Freiburg im Breisgau 2013, S. 93-106.

30 Siehe 1. Kapitel, S. 22.

Rückschluss selbst gezogen. Wahrscheinlich gab es nie Geschichten über heiratende Frauen[31], demgegenüber aber eine Selbstverständlichkeit in Sprache und Darstellung von Frauen und Männern, die heiraten. Wenn die Realitäten von Menschen, die nicht heterosexuell sind, nie gleichberechtigt sichtbar werden, lernen Kinder eine Wertigkeit. Die eine Art zu leben ist mehr wert als die andere, was durch das Wort »schwul« als Schimpfwort (meist bevor ein Kind weiß, was das eigentlich heißt) bekräftigt wird. Was bedeutet diese Botschaft für die Kinder, die später in ihrem Leben nicht heterosexuell begehren, oder die Kinder, deren Eltern, beste Freund*innen, Geschwister, Kolleg*innen oder Nachbar*innen nicht heterosexuell leben? Heterosexualität wird an dieser Stelle zur Norm, was sich auch darin zeigt, dass sie seltener so benannt wird. Meist wird von »normal« und homosexuell gesprochen. An diesem Punkt die Worte hetero- und homosexuell nebeneinanderzustellen, versucht allein sprachlich eine Gleichwertigkeit herzustellen.

31 Das kannst du mit diesen Büchern für Kinder ändern:

Jessica Love: »Julian und die Liebe«, Knesebeck Verlag, München 2021.

Barbara Müller, Ann-Kathrin Nikolov: »Flora und der Honigkuss«, Marta Press, Hamburg 2016.

Wir alle sind in diese Welt hineingeboren und haben diese Wertigkeiten gelernt. Sie wieder abzulegen ist nicht einfach, es braucht Zeit und Auseinandersetzung.[32] Je mehr wir uns der Vielfalt öffnen können, desto häufiger entdecken wir Einseitigkeiten. Vielleicht nimmst du sie in deinem Umfeld wahr, in den Geschichten und in den Darstellungen, die uns alle umgeben. Mit dieser Aufmerksamkeit kannst du aktiv werden, zum Beispiel bei der Auswahl von Büchern und Erzählungen oder indem du einfach kreativ wirst, wenn du vorliest, egal welches Buch du in der Hand hast. Du kannst beginnen, statt »Jungen« und »Mädchen« »Kinder« zu lesen. Du kannst bei Büchern ohne Text von Menschen und Personen sprechen, kannst Stereotype aufbrechen und die Menschen divers benennen. Warum wird der Traktor immer von einem Mann gefahren? Du kannst auch Frau sagen. Du kannst auch immer wieder anregen und sagen: »Ich weiß auch nicht, ob die Person da eine Frau oder ein Mann ist. Vielleicht ist die Person ja beides. Bei manchen Menschen ist das so« oder »Ich glaube diese beiden Verliebten da sind zwei Frauen.«

Kinder beobachten sehr genau das Redeverhalten[33] von Erwachsenen, wer welche Tätigkeiten ausführt, wie Körpersprache eingesetzt wird und dass unsere Aufgabenverteilungen bestimmten Mustern folgt.[34] Was sehen die Kinder im Alltag? Wie divers ist unser Umfeld? Welche Rollenbilder und Verhaltensweisen leben wir selbst ihnen — oftmals unbewusst — vor? Hier ist zu beachten, dass die meisten Kinder ihre engen Bezugspersonen nicht den ganzen Tag sehen. Engagierte, erfolgreiche Frauen beispielsweise werden von Kindern selten bei der Arbeit gesehen. Es wird auch seltener über arbeitende Frauen und Mütter gesprochen. Aktiv werden viel häufiger arbeitende Männer wahrgenommen, weil sie sichtbarer im Stadtbild sind, männerdominierte

32 Buchempfehlungen

Chimamanda Ngozi Adichie: »We Should All Be Feminists«, Harper Collins Verlag, New York 2014.

Judith Butler: »Das Unbehagen der Geschlechter«, Suhrkamp Verlag, Frankfurt/Main 1991.

Carolin Emcke: »Wie wir begehren«, Fischer Verlag, Frankfurt/Main 2012.

Laurie Penny: »Unsagbare Dinge. Sex, Lügen und Revolution«, Edition Nautilus, Hamburg 2015.

Rebecca Solnit: »Wenn Männer mir die Welt erklären«, Btb Verlag, München 2017.

33 Zum Beispiel, wer wie viel Redezeit bekommt und wer immer das letzte Wort hat.

34 Buchempfehlung

Cornelia Koppetsch, Günter Burkart: »Die Illusion der Emanzipation: Zur Wirksamkeit latenter Geschlechtsnormen im Milieuvergleich«, UVK Verlag, Konstanz 1999.

35 Care-Arbeit oder Pflegearbeit bezeichnet Tätigkeiten des Pflegens und Sich-Kümmerns.

Berufe ein beliebtes Thema in Kinderbüchern darstellen und selbst Geschäftsmänner in Erzählungen sichtbarer werden. Der Satz »Papa arbeitet« ist ein Klassiker im Kindergartenalltag. Frauen in Lohnarbeit bleiben oft unsichtbar und der große Teil der Care-Arbeit[35], der noch immer von Frauen verrichtet wird, bekommt noch immer nahezu keine Sichtbarkeit und Anerkennung. Diese klassische Rollenverteilung prägt auch heute noch unsere Gesellschaft und findet ihre Entsprechung im Großteil der Kinderbücher und Spielmittel. Diese Beobachtungen verinnerlichen Kinder und prägen zu späterer Zeit ihre Suche nach der eigenen (beruflichen) Identität und sie wirken sich konkret darauf aus, welche Bedeutung unbezahlte Care-Arbeit in ihrem Leben haben wird.[36]

Kinder beobachten auch, wie sich die Kommunikation und das Redeverhalten im nahen Umfeld gestalten. Wer gibt den Ton an, wer lenkt ein, wer spricht länger, wer hat mehr Macht, wer schaut wen direkt an, wer nimmt eine unterwürfige beziehungsweise eine dominante Körperhaltung ein und wie wird dadurch Geschlecht hergestellt oder untermauert? Es ist immer wieder spannend zu beobachten, wenn beispielsweise ein Mann in einem Gespräch versehentlich aus seiner männlichen Rolle fällt, weil er quietschend auflacht, wie er oder auch sein Gegenüber meist schnell versuchen, die Entgleisung zu korrigieren. Hier wird gern ein kraftvoller (oft sexistischer) Kommentar zur Hilfe genommen oder eine körperliche Gebärde eingesetzt, die mit Stärke und Männlichkeit assoziiert wird.[37] Dies ist nur ein Beispiel von unzähligen, wie das herrschende Verhältnis der Geschlechter rasch wiederhergestellt wird. Sie zu entdecken ist ein Anfang.

Vielleicht hast du dich mit diesen Mechanismen schon befasst oder du bemerkst jetzt, wie präsent sie sind und nimmst in der nächsten Zeit zahlreiche

36 Ein paar Zahlen:

Eine aktuelle Studie der Internationalen Arbeitsorganisation ILO kommt zu dem Ergebnis: Frauen leisten pro Tag 4,26 h unbezahlte Arbeit im Haushalt und in der Familie, Männer nur 1,48 h. Rechnet man die bezahlte Erwerbsarbeit und die unbezahlte Arbeit zusammen, kommen Frauen laut der Studie auf 55 Wochenarbeitsstunden, Männer auf 49. Der Verdienstunterschied zwischen Männern und Frauen in Westdeutschland ist fast dreimal so hoch wie in Ostdeutschland und der Gender-Pay-Gap liegt in Deutschland deutlich höher als im EU-Durchschnitt. Männer verdienten in Deutschland 2018 durchschnittlich 4,37 Euro brutto mehr pro Stunde als Frauen, allerdings sind 71 % des Verdienstunterschieds strukturbedingt, also u. a. darauf zurückzuführen, dass Frauen in schlechter bezahlten Branchen und Berufen arbeiten und seltener Führungspositionen erreichen. Nach der Studie des Deutschen Instituts für Wirtschaft (DIW) verteilte sich im Jahr 2018 die Elternzeit wie folgt: 90 % der Mütter und 37 % der Väter nahmen sie in Anspruch, knapp 72 % der Väter allerdings nur für zwei Monate (das Minimum).

37 Buchempfehlung

JJ Bola: »Sei kein Mann«, Hanserblau, München 2020.

solcher Momente wahr. Das kann unangenehme Gefühle und auch eine Art von Ohnmacht auslösen, weil du erkennst, in wie vielen unscheinbaren Handlungen sich diese sozialen Normen und patriarchalen Strukturen[38] wiederfinden und wie häufig dein Kind direkt danebensteht und zuschaut. Du beobachtest vielleicht, dass fast immer gelacht wird, wenn Männer Witze machen, egal, ob sie witzig sind. Oder wie häufig ein Mann für etwas Zusprache bekommt, was zuvor bereits eine Frau gesagt hat, die dafür wenig positive Rückmeldung bekam. Dafür können in diesem Moment weder der Mann noch die Frau etwas und trotzdem ist es ein Zeichen dafür, dass hier ein grundlegendes Ungleichgewicht herrscht.

38 Damit ist gemeint, dass die Grundstruktur der Gesellschaft durch Männer dominiert ist und diese die Macht haben, was sich auf die gesamte Gesellschaft inklusive der individuellen Beziehungen bezieht.

Wir können anfangen, dies zu verändern, denn diese Situation bringt allen Geschlechtern Nachteile. Wahrscheinlich löst du damit bei anderen Irritationen aus. Vielleicht kommt auch mal Unmut auf, insbesondere, wenn du Dinge offen ansprichst. Aber du wirst auch auf offene Ohren und Zuspruch stoßen und du kannst natürlich selbst entscheiden, in welchem Rahmen du welche Themen angehst. Damit unsere Kinder nicht die gleichen Ungleichheiten erleben, müssen wir uns allerdings aus unserer Komfortzone hinauswagen und mutig sein. ~

2.5. Spielzeug und Kleidung

Was in der Schwangerschaft beginnt, nimmt mit dem Moment der Geburt seinen Lauf. Die meisten Kleidungsstücke und auch Spielsachen sind geschlechtsspezifisch, sie zementieren Rollenbilder und fördern eine einseitige Entwicklung. Es gibt Kleidung und Spielzeuge für Jungen, welche zur Bewegung und Umgebungserkundung einladen.

Dieses Spielzeug ist tendenziell technischer und komplexer. Das entsprechende Spielzeug für Mädchen schult vorwiegend soziale Interaktion und Care-Arbeit. Die Kleidungsstücke für Mädchen sollen in erster Linie hübsch aussehen, schränken Bewegungen tendenziell ein und setzen Akzente an Körperstellen, die bei erwachsenen Frauen die sexuelle Attraktivität hervorheben.

Wie können wir aus dieser Mühle ausbrechen? Wenn du dich bewusst mit Kinderkleidung befasst, fällt schnell auf, dass beispielsweise die Motive in der Jungenabteilung meist aktiv, bewegt, abenteuerlich und teils aggressiv oder gefährlich sind. Sie locken in die Wildnis mit entsprechenden Tieren und motivieren die Welt zu erkunden, wenn nicht gerade Fahrzeuge im Mittelpunkt stehen. Die Motive bei den Mädchen sind in der Regel süß, zart, häuslich, passiv mit entsprechender Tierauswahl und vor allem in Pastelltönen, Pink und Rosa gehalten sowie mit Glitzer und Rüschen.

Sich dem Diktat der Modeindustrie und seiner geschlechtlichen Zweiteilung zu entziehen ist alles andere als einfach. Es gibt die Möglichkeit, allen alles anzuziehen oder auch einige Modelabels, die sich bewusst dieser konstruierten binären[39] Ordnung entgegensetzen. Wenn du genauer hinschaust, findest du auch neutrale Optionen im gängigen Sortiment. So lassen sich in der Jungenabteilung meist mehr Kleidungsstücke finden, die in Farben und Schnitten neutraler sind als in der Mädchenabteilung. Der Markt mag groß und machtvoll sein, aber wir haben die Macht zu entscheiden, was wir kaufen und was nicht. Natürlich spricht nichts gegen ein süßes Kätzchen auf dem Shirt oder einen Traktor auf dem Pulli. Die Mischung macht's und das Wissen darüber, dass Kinder durch Kleidung schon von klein auf in Rollen gesteckt werden.

39 Binär bedeutet zweigeschlechtlich.

40 Das ist ein wichtiger Punkt, um die Autonomieentwicklung deines Kindes zu stärken.

41 Häufig tragen kleine Schwestern die Kleidung des großen Bruders auf, aber kleine Brüder nicht in gleichem Umfang die Kleidung der großen Schwester. Dieses Phänomen zeigt, wie sehr Kleidung eine Zweigeschlechtlichkeit und darin eine versteckte Wertigkeit hat.

42 Kleidung, die Bewegungsfreiheit einschränkt, kann Kinder vom ganzheitlichen Lernen abhalten.

PROBIERE KLEIDUNG ZU FINDEN, DIE ...

— deine Kinder selbst an- und ausziehen können, sobald sie über zweieinhalb Jahre alt sind[40]

— du jedem Kind anziehen würdest, egal welchen Geschlechts[41]

— Bewegungsfreiheit gibt[42]

— den Körper nicht sexualisiert (Taillenschnitt, Brustabsatz, Pobetonung)

— ein breites Farbspektrum abbildet

— eine Vielfalt an Motiven darstellt (oder auch ohne auskommt)

Ähnlich wie bei der Kleidung ist es bei den Spielsachen. Mittlerweile gibt es so gut wie jedes Spielzeug in einer Variante für Mädchen und für Jungen. Ein Grund hierfür ist sicherlich die Idee, auf diese Weise den Konsum anzukurbeln, denn es gibt so wenige Kinder wie lange nicht und gleichzeitig einen so großen Spielzeugmarkt mit Umsätzen wie noch nie.[43]

43 Siehe Almut Schnerring, Sascha Verlan: »Der Teufelskreis des Gendermarketing«, Die Rosa-Hellblau-Falle, 31.01.2019, https://rosa-hellblau-falle.de/2019/01/der-teufelskreis-des-gendermarketing

ORIENTIERE DICH AN SPIELZEUG, DAS …

— du jedem Kind anbieten würdest, egal welches Geschlecht es hat

— in ausgewogener Mischung Bewegung (Springseile), Empathie lernen und Kommunikation (Figuren, Puppen, Stofftiere, Bücher), Konzentration (Stifte, Puzzles, Spiele, Bücher, Sortierspiele), Handwerkliches und Kreatives (Farben, Instrumente und alles, womit gebaut werden kann) fördert

— vielfach einsetzbar ist

— Kreativität anregt und freies Spiel ermöglicht (Tücher, Spielküchen, Bausteine, Figuren)

— keine stereotypen Abbildungen trägt (es gibt Bälle für Mädchen oder Jungen und es gibt schlicht bunte Bälle)

Die zugeschriebenen Vorlieben wie Puppen bei Mädchen und Autos bei Jungen werden in den Spielzeugabteilungen auf die Spitze getrieben, aber mit einem sensibilisierten Blick wirst du auch hier Produkte

finden, die eine Vielseitigkeit abbilden und fördern. Nun wirst du vielleicht denken, dass dein Kind von allem etwas hat. Ein guter Selbsttest kann sein, einmal durch die Spielsachen zu schauen und Folgendes zu überlegen: Was wird tatsächlich alles angeboten? Welche Dinge findest du selbst besonders ansprechend? Welche nimmt dein Kind gern zur Hand? Entdeckst du Einseitigkeiten in Bezug auf die Auswahl? Wirken sich die Einseitigkeiten auf das Spielverhalten deines Kindes aus? Was förderst du selbst im Spiel mit Kindern?

Häufig gibt es bereits Schwerpunkte im Kinderzimmer und auch in der Kita, und die prägen das Spielverhalten unserer Kinder in den kommenden Jahren. Viele Eltern verweisen hier darauf, dass etwa der Sohn sich schon immer nur für Autos interessierte und schließen auf eine Veranlagung. Also doch typisch und genetisch? Dazu ein klares Nein. Denn nicht nur die Spielangebote sind meist je nach Geschlecht einseitig ausgeprägt — eine Puppe kommt einfach nicht gegen 20 Autos an —, unsere Kinder werden in eine

Gesellschaft geboren, deren Normen und Werte sich auf den vielfältigsten Ebenen vermitteln und sie von klein auf prägen. Es geht nicht darum, Kindern Spielzeug vorzuenthalten oder zu verbieten. Es geht darum, gleichberechtigt und mit vollem Herzen ein breites Spektrum anzubieten und offen sowie wertschätzend damit zu sein, was das Kind daraus macht. Wo stecken Widerstände oder Ängste, wenn wir unseren Söhnen Puppen(häuser), Backsets und Prinzessinnen-Bücher kaufen? Warum sind unsere Gefühle hier oft stärker als etwa beim Kauf von Baggern und Dinos für unsere Töchter? Hier müssen wir ehrlich mit uns sein. Wir sollten Spielzeug immer von ganzem Herzen anbieten können, denn Kinder bemerken die Widerstände. Ist die Konsequenz daraus, die Auswahl zu verkleinern oder an den Widerständen zu arbeiten?

Auch wenn es komisch klingt, die häufigste, oft unbewusste Sorge von Erwachsenen ist noch immer, dass Spielzeug und Kleidung ein Kind »unmännlich« oder »schwul« machen können. Das liegt unter anderem an der zerbrechlichen Konstruktion von Männlichkeit.[44] Auch die Idee, dass ein Mädchen, das ausschließlich mit Baggern und Bällen spielt, wohl doch ein Junge ist, geht nicht auf. Kinder, die inter oder trans* sind, spielen manchmal stereotyp und genauso häufig auch nicht. Wenn wir an diese Kinder denken, zeigt sich auch, wie wichtig es wäre, Spielzeug einfach Spielzeug sein zu lassen und eine große Auswahl unabhängig von Geschlechtszuweisungen zur Verfügung zu stellen. Alle Kinder würden davon profitieren.

Hier können wir ansetzen und den Kindern in unserem Umfeld Offenheit und Selbstbewusstsein mitgeben, in dem wir sie mit Bedacht kleiden, ihnen eine Vielfalt an Spielmöglichkeiten zur Verfügung stellen, sie das kritische und kreative Denken lehren und sie liebevoll begleiten. ~

44 JJ Bola und Nils Pickert haben dies in ihren aktuellen Werken wunderbar herausgearbeitet:

JJ Bola: »Sei kein Mann. Warum Männlichkeit ein Albtraum für Jungs ist«, Hanserblau, München 2020.

Nils Pickert: »Prinzessinenjungs. Wie wir unsere Söhne aus der Geschlechterfalle befreien«, Beltz Verlag, Weinheim/Basel 2020.

Hier stellen wir weitere Informationen zum 2. Kapitel für dich bereit:

Bücher, Instagram-Accounts, Onlinemagazine und Initiativen.

Weiter gehen
von Nils Pickert

»Geht das nicht alles ein bisschen zu weit?« Diese Frage begleitet mich, seitdem ich Kinder habe, und seit 16 Jahren wird sie mit jedem Jahr ein bisschen lauter. Das ist eigentlich ein gutes Zeichen. Vor einem Jahrzehnt ist sie nämlich in der Aussage »Also das geht jetzt aber zu weit!« oft einfach untergegangen. Als ich mich mit Mitte 20 dafür entschieden habe, für meine Kinder die Hauptverantwortung zu übernehmen — das ging zu weit. Als sich mein Sohn für Röcke und Kleider begeisterte — das ging zu weit. Als meine Tochter sich an ihrem Gymnasium nicht ihre Hotpants verbieten lassen wollte, damit sie »Lehrkräften nicht länger den Unterricht erschwert« — das ging zu weit.

Inzwischen weiß man zumindest nicht mehr so genau. Inzwischen ist man einigermaßen verunsichert. Und das ist auch gut so. Denn dort, wo wir verunsichert werden, weil wir feststellen, dass wir weniger auf dem festen Boden der Tatsachen als vielmehr auf einem wackeligen Konstrukt aus Stereotypen und Vorurteilen stehen, sind wir in Bewegung und suchen neuen Halt. Und neuen Halt braucht es in der Tat. Viel zu lange haben wir uns in unserem eigenen Rollenverständnis auf unsere Kinder gestützt, damit sie mit ihrem Verhalten bestätigen, wer wir sind, was wir darstellen und wie wir uns entscheiden. Viel zu

*Nils Pickert arbeitet als Autor und Journalist zu Familien- und Gerechtigkeitsthemen. Für den Hamburger Verein Pinkstinks engagiert er sich gegen Homofeindlichkeit. Zuletzt erschien sein Buch »Lebenskompliz*innen« über Liebe und Gleichberechtigung, zuvor hat er mit »Prinzessinnenjungs« über geschlechtergerechte Erziehung geschrieben. Mit seiner Lebenskomplizin und den gemeinsamen 4 Kindern lebt er in Münster.*

lange mussten Söhne durch demonstratives Desinteresse an allem, was wir klassischerweise mit Weiblichkeit assoziieren, ihre Väter von dem Vorwurf unmännlicher Umtriebe entlasten. Viel zu lange mussten Töchter mit »schicklichem Verhalten« die angebliche Ehre ihres Familienoberhaupts verkörpern. Und müssen es zu Teilen noch heute.

Die Bereitschaft, sich in diesen Geschlechtszuschreibungen verunsichern zu lassen, ist kein Zeichen für mangelnden Erziehungswillen oder Desinteresse. Das damit verbundene Unbehagen kein Indiz dafür, auf dem Holzweg zu sein. Es sind vielmehr Wachstumsschmerzen auf dem Weg in die Freiheit. Klar nervt das. Mich für einen aufgeklärten Vater zu halten und dann irgendwann festzustellen, dass ich immer nur meiner Tochter anbiete, mit mir zu kochen, und nie meinem Sohn, ist eine ziemlich unangenehme Erkenntnis. Es geht aber nicht um mich. Es geht nicht darum, dass meine Kinder meine Ansichten möglichst unangetastet und mich in meiner Wohlfühlzone zu lassen haben. Sondern darum, ihnen zur Freiheit zu verhelfen. In den Grenzen dessen, dass sie sich und andere nicht verletzen, sollte ihnen der Horizont so offen wie möglich stehen. Und dafür lautet die alles entscheidende Frage nicht, ob das alles nicht ein bisschen zu weit geht. Sie lautet: Können wir nicht noch ein bisschen weiter gehen? ~

ICH DARF ALSO ALS...
PILZ
ANANAS
KATZE
AUTO
WÜRMCHEN
EIS
... VERKLEIDET SEIN?
ÄH...
ABER ICH DARF KEINE PRINZESSIN SEIN...
WARUM?

DAS KITAKIND

3—6 Jahre

3

3.1. Spielend lernen und verarbeiten

Mit dem vierten Lebensjahr beginnen Kinder zunehmend Rollenspiele zu spielen, sich zu verkleiden und ihre Spielpartner*innen konkreter auszuwählen.[45] Während Kinder bis zum Alter von etwa drei Jahren oft nebeneinander spielen, wächst jetzt die soziale Interaktion mit der Fähigkeit, sich konkreter auszudrücken. Im Rollenspiel verarbeiten Kinder alltägliche Beobachtungen, sie erproben Rollen und setzen sich mit Rollenerwartungen auseinander. Sie erlernen hier Handlungen, die sie später brauchen werden, um ihren Alltag zu meistern. Außerdem sind Rollenspiele ein wichtiger Raum, um Erfahrungen und (negative) Gefühle zu verarbeiten.[46]

Kinder zeigen uns im Spiel sehr deutlich, was sie über Geschlecht gelernt haben und wie sie sich versuchen, darin zu verorten und zurechtzufinden. Manchmal erschrecken wir uns, wenn wir uns selbst in ihnen hören oder fragen uns, woher sie diesen Blick

45 Siehe »Körpererfahrung und Sexualerziehung in Kindertageseinrichtungen und Tagespflege«, Senatsverwaltung für Bildung, Wissenschaft und Forschung Berlin (Hg.) mit Unterstützung der BZgA, Köln 2011, S. 7.

46 Siehe Peter A. Levine, Maggie Kline: »Kinder vor seelischen Verletzungen schützen«, Kösel Verlag, München 2010.

oder jenes Verhalten haben. Kinder sind unglaublich gute Beobachter*innen und erstklassig im Imitieren.

Manche Erwachsenen machen die Erfahrung, dass Kinder, die als Jungen aufwachsen, Bau- und Konstruktionsspiele bevorzugen und sich Kinder, die als Mädchen groß werden, lieber in Rollenspielen vertiefen. Das liegt in den meisten Fällen daran, dass diese Schwerpunkte schon in den ersten Lebensjahren gesetzt wurden. Die Auswahl von Spielzeug und die Spielinteraktionen von Eltern und anderen Bezugspersonen sind hier prägend. Werden Kinder als Mädchen wahrgenommen, erleben sie, dass Erwachsene bevorzugt nach Kuscheltieren greifen und kleine Rollenspiele mit ihnen initiieren.[47] Demgegenüber erleben viele Kinder, die als Jungen wahrgenommen werden, dass Erwachsene sie gerne dazu animieren zu bauen und sich für Fahrzeuge und Bälle zu begeistern. All das sind schöne Spielangebote und Kinder lieben es, mit Eltern und anderen Bezugspersonen zu spielen, allerdings gibt es keine genetischen Vorlieben, die am Geschlecht festgemacht werden können. Es ist für Kinder bereichernd, alle Arten von Spielangeboten zu bekommen. Hier sind die Erwachsenen gefragt: Initiieren wir andere Spiele, wenn wir denken, wir spielen mit einem Jungen oder einem Mädchen? Es lohnt sich hier genauer hinzuschauen, denn selbst die Aufgeschlossensten von uns verfallen unbedacht in früh erlernte Muster und gesellschaftlich geprägte Normen.

Kinder werden im Spiel oft von Erwachsenen kommentiert, bewertet, korrigiert. Häufig wird geschlechtsspezifisches Verhalten positiv bestärkt: »Du bist aber ein starker Bauarbeiter. So hart arbeitest du!« oder korrigiert: »Wo willst du denn hin? Zur Arbeit? Willst du dein Baby nicht mitnehmen? Schau mal, wie es da liegt — ganz nackig und traurig. Ich glaube, du musst es

47 Siehe Almut Schnerring, Sascha Verlan: »Die Rosa-Hellblau-Falle. Für eine Kindheit ohne Rollenklischees«, Verlag Antje Kunstmann, München 2014.

erst mal anziehen«. Auch die Konstellationen, in denen Kinder spielen und befreundet sind, werden häufig von Erwachsenen kommentiert und bewertet: »Die drei. Wie die Hühner«, »Schau mal wie süß, die werden sicher mal heiraten« oder »Der Große ist mit seinen Kumpels draußen unterwegs«. So was haben wir alle schon gehört oder vielleicht so ähnlich selbst gesagt. Es sind die kleinen, alltäglichen Bemerkungen und Blicke, die Kindern die Welt erklären. Diese zu entdecken und sie nicht fortzuführen, könnte ein Anfang sein. Manchmal klingt es komisch, wenn Erwachsene sich bremsen und dann gestelzt irgendetwas Diverses und »politisch Korrektes« sagen. Sie wollen etwas verändern, aber es fehlen die richtigen Worte. Hier braucht es Geduld und Übung: Zuerst kommt meist das Verstehen, dann das Fühlen und daraus ergeben sich die Worte, die immer passender und individueller werden.

Wenn wir mit Kindern über Astronauten, Ärzte oder Forscher[48] sprechen, sollten wir bedenken, dass sie nicht in der Lage sind, von der männlichen Form darauf zu schließen, dass alle Menschen damit gemeint sind, denn sie verstehen das generische Maskulinum[49] nicht.[50] Es gibt immer mehr Studien, die aufzeigen, dass sich selbst Erwachsene nur eingeschränkt davon angesprochen fühlen.[51] Wenn von Sängern, Polizisten und Politikern die Rede ist, sind demnach die ersten Assoziationen und Bilder, die sowohl Kinder wie Erwachsene haben: Männer. Es macht also einen Unterschied, wenn wir hier geschlechtsneutrale Begriffe wie Feuerwehrmenschen, Menschen, die forschen oder Bauarbeitende verwenden oder tatsächlich gendern, indem wir alles (be–)nennen. In der Konsequenz werden Rollen und Berufe im Spiel von Kindern dann gleichberechtigter erprobt und als Möglichkeit für das eigene Erwachsenenleben gesehen. Dies bereichert das Leben aller Kinder.[52]

48 Statt beispielsweise von Ärztinnen und Ärzten oder Forschenden.

49 Wenn Wörter in männlicher Form formuliert sind.

50 Siehe Dries Vervecken, Bettina Hannover: »Yes I can! Effects of gender fair job descriptions on children's perceptions of job status, job difficulty, and vocational self-efficacy«, Social Psychology, 2015, S. 46 u. 76–92.

51 Siehe »Sprache und Geschlecht«, Universität Osnabrück, https://uni-osnabrueck.de/universitaet/organisation/zentrale-verwaltung/gleichstellungsbuero/verknuepfte-seiten/sprache-und-geschlecht

52 Ein hilfreicher Leitfaden zu geschlechtergerechter Sprache:

Die Gleichstellungsbeauftragte der Universität zu Köln (Hg.): »ÜberzeuGENDERe Sprache«, Köln 2015, https://tu-berlin.de/fileadmin/a70100710_gleichstellung/Diversity_Allgemeines/KFG-Leitfaden_geschlechtersensible_Sprache.pdf

Kinder schlüpfen gern in Rollen und probieren sich darin aus. Wenn Mädchen dann Feuerwehrmann Sam spielen, findet das niemand weiter verwunderlich, ist er doch eindeutig der interessanteste Charakter der Geschichte, durch den Macht, Stärke und Anerkennung spürbar werden. Wenn Kinder, die als Jungen aufwachsen, sich in die Rolle der Prinzessin Elsa begeben, sieht es anders aus, es irritiert, manchmal entstehen Ängste und Verunsicherungen. Hier lässt sich ablesen, dass Weiblichkeit oder vielmehr Eigenschaften, die als weiblich gelesen werden, in der Regel weniger Wert haben als männlich definierte Merkmale. Das Mädchen in männlicher Rolle erlangt häufig eine Aufwertung, wenn es nicht zurechtgewiesen wird, auf Freundlichkeit und Sauberkeit der Kleidung zu achten und nicht zu wild zu sein. Ein Junge in weiblichen Rollen erfährt hingegen eine Abwertung und ein Infragestellen seiner Identität, häufig gepaart mit Fragen der Verunsicherung bezüglich seiner sexuellen Orientierung.[53] Dies ist nur möglich, wenn Frauen und Männer in der Gesellschaft

53 Im 1. Kapitel wird erklärt, worin der Unterschied zwischen sexueller Orientierung und Geschlechtsidentität besteht.

nicht gleichwertig sind, die jeweils zugeschriebenen Eigenschaften unterschiedlich bewertet werden und die bevorzugte sexuelle Orientierung die Heterosexualität ist. Kinder wissen schon früh, dass das Wort »Mädchen« ein Schimpfwort oder eine Abwertung sein kann (»Du schießt wie ein Mädchen«), das Wort »Junge« jedoch nicht. Einem »unmännlichen« Jungen droht die Abwertung, als »Mädchen« oder als »schwul« bezeichnet zu werden, was beides scheinbar unbedingt zu vermeiden ist oder schnellstmöglich richtiggestellt werden muss.[54]

Weil junge Menschen ihre Bezugspersonen lieben, von ihnen abhängig sind und sich Erwachsene zum Vorbild nehmen, versuchen sie, ihren Erwartungen zu entsprechen. So bemühen sie sich auch, der gesellschaftlichen Norm von zwei Geschlechtern zu entsprechen. Die Rollen dieser zwei Geschlechter sind relativ fest und klar umrissen und Kinder versuchen sich bestmöglich einzufinden. Das bezieht sich darauf, wie »Männer« und »Frauen« angeblich zu sein haben, aber auch darauf, heterosexuell zu sein. Im Leben von Kindern mischen sich die Erwartungen der Gesellschaft mit denen der Erwachsenen aus ihrem Umfeld. Mal ergänzen sie sich, mal widersprechen sie sich. Um stereotypen Erwartungen zu entsprechen, werden einige Dinge aktiv getan (z. B. Kämpfen) und andere Dinge aktiv gelassen (z. B. als Junge mit hoher Stimme zu lachen oder sich als Mädchen zu wichtig zu nehmen). Kinder üben dies, spielen ihre Rollen und hoffen zu erfüllen, was erwartet wird. Das haben auch wir getan und das tun die Kinder so lange, bis das Innere glaubt und auch alle im Außen glauben, dass wir genau so sind, fühlen und denken. Dieser Prozess der Interaktion von gegenseitigen Erwartungen an unser Geschlecht und das des Gegenübers und der sexuellen Orientierung wird auch

54 Siehe Petra Wagner: »Wie erleben junge Kinder Vielfalt«, in Petra Wagner (Hg.): »Handbuch Inklusion. Grundlagen vorurteilsbewusster Bildung und Erziehung«, Verlag Herder, Freiburg im Breisgau 2013, S. 91.

»doing gender« genannt.[55] Wenn wir wollen, dass Kinder sich selbst und ihren ganz eigenen Weg finden können, ist es wichtig, ausgesprochene und unausgesprochene Erwartungen zu hinterfragen. ~

55 Siehe Candace West, Don H. Zimmermann: »Doing Gender«, in: Gender & Society, Heft 2/1, 1987, S. 125–151.

Siehe auch Judith Butler: »Das Unbehagen der Geschlechter«, Suhrkamp Verlag, Frankfurt/Main 1991.

56 Siehe Petra Wagner: »Wie erleben junge Kinder Vielfalt«, in Petra Wagner (Hg.): »Handbuch Inklusion. Grundlagen vorurteilsbewusster Bildung und Erziehung«, Verlag Herder, Freiburg im Breisgau 2013, S. 91.

3.2. Wer darf wie fühlen? Trösten und getröstet werden

Schon früh entwickeln Kinder geschlechtsstereotype Gefühle und Verhaltensweisen.[56] Sie wissen, dass Kinder, die für Mädchen gehalten werden, schneller weinen und alle anderen ausgiebig wütend sein dürfen, ohne mit dem Wort »Zicke« betitelt zu werden und verhalten sich dementsprechend. Vielleicht hast du schon mal beobachtet, dass nicht alle Kinder gleich getröstet werden. Meist werden Kinder dann getröstet, wenn Erwachsene ihre Not für angemessen halten und dann auch unterschiedlich lange und unterschiedlich wortreich. Glauben die Erwachsenen einen Jungen zu trösten, bekommt dieser weniger Zuwendung und Worte, wird schneller motiviert wieder weiterzumachen und hört Sätze wie »ein echter Junge weint nicht«. Frag doch mal die Kinder in deinem Umfeld, wann Männer weinen.[57] Dass dies ein besonderes Thema ist, zeigt die Kinderliteratur mit den Werken »Ein Mann, der weint«[58] und »Männer weinen«[59]. Ein wunderbares Buch für alle Kinder und Erwachsenen zum Thema Weinen ist auch »Häschen tröstet«[60], da es aufzeigt, was es am meisten braucht, wenn jemand traurig ist – ganz unabhängig vom Geschlecht.[61]

Wenn du dein Kind dabei unterstützen möchtest, mit seinen eigenen Gefühlen verbunden zu sein und zu bleiben, ist es das Einfachste zuzuhören. Bleibe bei deinem Kind, wenn es Gefühle hat, egal welche. Bewerte nicht, sondern versichere deinem Kind, dass es genau so wunderbar ist, wie es ist. Tue das mit wenigen Worten und deiner vollen Aufmerksamkeit. Bleibe bei deinem Kind, bis die Gefühle zu Ende gefühlt sind.[62] Um dem gängigen Bild entgegenzuwirken, sage Sätze wie: »Wer traurig ist, darf weinen« oder »Alle Menschen dürfen so viel und so lange weinen, wie sie wollen.« Auch bei Wut ist es wichtig, dem gesellschaftlichen Bild etwas entgegenzustellen: »Alle dürfen wütend sein. Wut ist ein wichtiges Gefühl« oder »Wenn du wütend bist, darfst du das zeigen«.

Es ist einschränkend, seine Wut in Traurigkeit umwandeln zu müssen, damit sie raus kann und bedrückend, der eigenen Traurigkeit keinen Raum geben zu können, doch genau das erleben viele Kinder aufgrund eines geschlechtsspezifischen Umgangs. Viele von uns haben das im eigenen Aufwachsen erfahren. Es ist höchste Zeit, das zu ändern. ~

57 Die häufigsten Antworten sind: »wenn jemand stirbt« oder »beim Fußball«.

58 Mathias Jeschke, Wiebke Oeser: »Ein Mann, der weint«, Hinstorff Verlag, Rostock 2011.

59 Jonty Howley: »Männer weinen«, Zuckersüß Verlag, Berlin 2020.

60 Cori Doerrfeld: »Häschen tröstet«, Zuckersüß Verlag, Berlin 2019.

61 Zum Weinen und Trösten von Kindern hat Nils Pickert in seinem Werk »Prinzessinenjungs« die Perspektive von Jungen sehr anschaulich sichtbar gemacht. Nils Pickert: »Prinzessinenjungs«, Beltz Verlag, Weinheim/Basel 2020.

62 Buchempfehlungen

Patty Wipfler, Tosha Schore: »Hand in Hand. Fünf einfache Strategien durch die Höhen und Tiefen des Elternseins«, Arbor Verlag, Freiburg 2017.

Aletha J. Solter: »Spielen schafft Nähe – Nähe löst Konflikte«, Kösel-Verlag, München 2015.

3.3. Gespräche über den Körper

Kitakinder sind zunehmend in der Lage, sich sprachlich auszudrücken und verfügen über ein Bewusstsein für ihre geschlechtliche Identität. Das bedeutet in erster Linie, dass sie um anatomische Merkmale wissen und diese zu zwei Geschlechtern zuordnen können[63] sowie sich selbst dazu ins Verhältnis setzen. Sie kommentieren die Welt, stellen Fragen und versuchen zu verstehen. Das gilt für alles und auch für (ihren) Körper. Entspannt stehen wir Rede und Antwort, wenn es um Arme, Mund und Organe geht, aber die häufig erlernte Sprachlosigkeit und Scham machen es schwer, ganz offen über Geschlechtsorgane und alles, was damit zu tun hat zu sprechen.[64]

Kinder brauchen diese Gespräche, denn sie legen die Grundlage für ihr Körperwissen und beeinflussen ihr Körpergefühl. Wenn Kinder nicht fragen, bedeutet das meist, dass sie durch unbewusstes Handeln von Erwachsenen gelernt haben, es nicht zu tun. Manche spüren auch die Scham oder die Unsicherheit und

63 Wenn mit Kindern von Anfang an kritisch über Geschlecht gesprochen und Zweigeschlechtlichkeit immer wieder aufgebrochen wurde, können sie in dem Alter problemlos wissen, was trans* und inter ist.

64 Siehe 2. Kapitel , S. 38.

fragen deshalb nicht. Das Verhalten der Erwachsenen verunsichert die Kinder. Aber was tun? Erwachsene werden durch Kinder immer wieder darauf aufmerksam gemacht, wo sie noch dazulernen können und die Chance haben, sich zu entwickeln. Das sind Herausforderungen, die Eltern und Erziehende mutig wahrnehmen sollten. Das kann bedeuten, sich zu informieren und das eigene Unwissen abzulegen, denn viele können die Fragen der Kinder tatsächlich nicht richtig beantworten.

Hier dürfen Erwachsene vor Kindern gerne mit ihrer Unwissenheit sichtbar werden. Entweder du sagst, dass du dich erst informieren musst, oder ihr geht gemeinsam auf die Suche nach Antworten: »Das ist eine gute Frage. Das weiß ich gerade selbst nicht. Lass uns mal schauen, wo wir eine Antwort finden können.« Oder »Du weißt ja, dass es für mich nicht immer leicht ist über solche Themen zu reden. Das hat nichts mit dir zu tun. Deine Fragen sind gut und wichtig. Ich muss das nur üben. Lass uns mal schauen, ob wir ein Buch finden, was deine Fragen beantworten kann.« Es wird auch einige Erwachsene geben, bei denen das Themenfeld alte Wunden, tiefe Verletzungen, Ängste und anderes hervorbringt. Dies kann ein Auftakt sein, um sich Hilfe zu holen. Wir selbst sind es wert und unsere Kinder werden davon profitieren.

Kinder sind im Kindergartenalter daran interessiert, wie das mit den Babys alles funktioniert. Interesse am Sexualleben von Erwachsenen haben sie dabei nicht. Sie wollen wissen, was es mit den Tampons, Binden und anderen Hygieneprodukten in den Badezimmern auf sich hat und freuen sich über kurze, knackige Antworten, die ihnen ihre Sorgen nehmen. Kinder erschreckt Blut und sie fragen sich, ob das Eingeführte im Körper verschwinden kann oder ob es das Urinieren unmöglich macht. Falsche Informationen oder zu blumige Antworten sind hier fehl am Platz.

Auf die klassischen Fragen zur Entstehung und Geburt von Kindern kannst du mit Antworten beginnen wie: »Damit ein Baby entstehen kann, braucht es eine Samenzelle und eine Eizelle. Diese beiden müssen zusammenkommen und dann kann daraus ein Baby entstehen.« Auf anschließende Fragen kannst du antworten: »Samenzelle und Eizelle treffen sich im Bauch, wo dann in einer Babyhöhle, die auch Uterus heißt, das Baby wächst«, »Samenzellen wohnen in Hoden. Hoden haben meist Männer. Eizellen wohnen im Eierstock in der Nähe vom Uterus. Eierstöcke und Uterus haben meist Frauen.« Wenn es dann um die Geburt geht, kannst du sagen: »Wenn das Baby so weit ist, kommt es raus. Es gibt eine Öffnung zwischen den Beinen, die nach innen führt und Vagina heißt. Entweder kommt das Baby da raus, oder es gibt einen Schnitt am Bauch, durch den das Baby dann zur Welt kommt.«[65]

Kinder sind unglaublich interessiert an ihren Genitalien und freuen sich über Worte, um genau benennen zu können, was sie bewegt: »Unter meiner Vorhaut pikst es«, »Zwischen meinen Vulvalippen juckt es«, »Mein einer Hoden ist wieder weggerutscht«, »Mein Kitzler ist dolle empfindlich, da muss ich beim Waschen aufpassen. Das kann sehr schön sein, aber zu dolle ist schnell unangenehm«, »Niemand darf meine Vulva anfassen, wenn ich nicht will!«, »Keiner darf an meinem Penis ziehen!«, »Ins Poloch wird nichts reingesteckt, da kann man sich verletzen«. Kinder werden nicht sexualisiert, wenn sie genau Bescheid wissen. Im Gegenteil, sie werden ermächtigt.[66]

Kinder im Kitaalter interessieren sich für den menschlichen Körper. Die Antworten auf die Grund- oder Oberschulzeit zu schieben, ist für die Kinder und

65 Hier noch einige Werke, die das Thema gut in Bild und Worte für Kitakinder bringen:

Susanne Scheerer: »Zwei Mamas für Oscar«, Verlagsgruppe Oetinger, Hamburg 2018.

Ka Schmitz, Cai Schmitz-Weicht: »Wie Lotta geboren wurde«, Atelier 9 ¾, Berlin 2013.

Cory Silverberg, Fiona Smyth: »Wie entsteht ein Baby?«, Mabuse-Verlag, Frankfurt am Main 2012.

Sonja Blattmann, Ka Schmitz: »Mein erstes Haus war Mamis Bauch«, Verlag Mebes & Noack, Köln 2016.

Edward Summanen, Johanna Arpiainen: »Das Familienbuch«, Alibri Verlag, Aschaffenburg 2015.

66 Wörter, die deinem Kind helfen, sich auszudrücken, findest du im 2. Kapitel, S. 38.

ihre Entwicklung eines selbstbewussten Verhältnisses zum Körper unnötig hinderlich, das würden wir bei den Themen »Gesunde Ernährung«, »Zahnpflege« und »Straßenverkehr« auch nicht tun.

EIN PAAR TIPPS, WENN DU VERSUCHST INS REDEN ZU KOMMEN …

— Sei kritisch mit dem Wort »nur«, denn es schränkt in den meisten Fällen unnötig ein: »Sie hat nur eine Vulva«, »Nur Jungen können im Stehen pullern«.

— Nutze die Formulierung »die meisten«, um der bestehenden Vielfalt gerechter zu werden: »Die meisten Menschen küssen gern«, »Die meisten Jungen haben einen Penis«, »Die meisten Frauen können Kinder bekommen«.

— Achte auf versteckte Selbstverständlichkeiten, denn sie schaffen und stützen häufig Normen: »Wenn du dann selbst Kinder hast …«, »Wenn du dann heiratest …«, »Männer wollen Sex«.

— Meist schränkt es unnötig ein, das Geschlecht von jemandem zu benennen: Anstatt »Wenn du dann einen Jungen küsst …« sage lieber »Wenn du mal jemanden küsst …« oder auch »Die meisten Menschen mögen kuscheln« anstatt »Frauen kuscheln gern«. ~

3.4. Bücher, Filme und Geschichten

Kinder saugen die Welt auf, in der sie leben. Sie speisen ihre Spielideen aus Alltagsbeobachtungen, aber auch aus Darstellungen in Büchern, Geschichten, Kinderfilmen und -serien. Dabei nehmen sie sehr genau wahr, wie Geschlecht dargestellt wird. Wer hat welche Bedeutung in der Geschichte? Welche Vielfalt an Geschlechtern kommt vor? Ein kritischer Blick in Kinderbücher, Filme und Serien lohnt sich. Das bedeutet, mit verschiedenen Fragestellungen im Kopf auf die Geschichten und Bilder zu gucken.[67]

MÖGLICHE FRAGESTELLUNGEN ...

— Sind die Gefühle geschlechtsspezifisch dargestellt? Wird gelernt, dass männlich bedeutet, immer stark, aktiv, dominant zu sein und weiblich dem gegenübersteht und sich schwach, ordentlich, liebevoll zeigt? Wie vielschichtig werden Gefühle sichtbar? Wie breit ist das Spektrum an Gefühlen von einzelnen Charakteren? Wer lacht und lächelt wann? Wer ist traurig und weint wann? Wer ist wann und warum wütend?

— Woran macht sich Geschlecht fest? Welche Kleidung wird getragen? Lernen Kinder, dass Frauen volle Lippen und große Augen mit langen Wimpern haben und Männer nicht?[68] Wer trägt welche Frisur? Wie ist die Körperhaltung? Wie ist die Aufgabenverteilung? Tauchen die Themen trans* und inter auf und wenn ja, wie?

67 Wie du anschließend damit weitergehst und das kritische Denken deines Kindes anregen kannst, liest du im Unterpunkt »Kritisches Nachdenken anregen«.

68 Wichtige Beobachtung:

Die Ausnahme sind Schwarze Personen. Sie haben fast immer deutlich gemalte oder große Lippen, was mit rassistischen Stereotypen zusammenhängt.

Mehr über eine antirassistische Begleitung erfährst du in:

Josephine Apraku: »Wie erkläre ich Kindern Rassismus? Rassismussensible Begleitung und Empowerment von klein auf«, Familiar Faces Verlag, Berlin 2021.

— Wer hat die tragende Rolle? Mit wem ist es interessant, sich zu identifizieren? Wessen Rolle ist spannend, empowernd, lädt zur Imitation ein? Wie ist die Gewichtung von geschlechtsneutralen, männlichen, trans*, weiblichen und inter Charakteren und deren Bedeutung?

Es ist nicht egal, welche Bücher, Filme, Serien und Geschichten wir Kindern zur Verfügung stellen. Nur weil Bücher populär, bekannt oder längst zum Standard geworden sind, bedeutet es nicht, dass sie frei von geschlechtsspezifischen Stereotypen oder generell vorurteilsbewusst sind und Kinder darin stärken, sich selbst zu finden. Hier braucht es uns als Erwachsene, die genau hinsehen, vorsortieren oder mit ihnen ins Gespräch gehen und ihre kritische Auseinandersetzung fördern.[69] ~

69 Kinderbücher für eine vorurteilsbewusste und inklusive Bildung für Kinder von 3–6 Jahren findet ihr bei Queerformat: https://queerformat.de/wp-content/uploads/Handr_3bis6_2020_fin.pdf

3.5. Kritisches Nachdenken anregen

Im Kitaalter sind Kinder längst auf dem Weg, ihr kritisches Denken auszubilden und zu schulen. Hierbei brauchen sie erwachsene Unterstützung. Wenn dein Kind dir erklärt, dass Jungen keine rosa Röcke tragen dürfen, bist du an der Reihe. Zu behaupten, dass das überhaupt nicht stimmt, könnte dich unglaubwürdig machen, da das Kind mit offenen Augen durch die Welt geht und dich mit der logischen Schlussfolgerung langer Beobachtungen konfrontiert. Du kannst deinem Kind rückmelden, dass es das sehr richtig beobachtet hat. Erkläre, dass viele Menschen glauben, rosa Röcke seien nur etwas für Mädchen. Jetzt hast du die Möglichkeit, dein Kind zu kritischem Nachdenken anzuregen: »Ist das gerecht?«, »Was denkst du, würde passieren, wenn ein Junge eurer Kita im rosa Rock käme? Was würdest du tun? Was müsste sich ändern, damit alle das gleiche Recht haben? Lass uns mal gemeinsam überlegen, was wir selbst dafür tun können«. An dieser Stelle als Elternteil oder Bezugsperson aktiv gegen Ungerechtigkeiten zu werden, ist nicht immer einfach. Wir werden dabei — genau wie unsere Kinder — mit den Grenzen der Toleranz und Akzeptanz unserer Umwelt konfrontiert. Aber wenn wir wirklich wollen, dass sich etwas ändert, müssen wir aktiv werden. Sei liebevoll mit dir und deinen Gegenübern, aber auch konsequent und klar. Sorgen und Ängste stehen häufig im Zusammenhang mit Unwissenheit und Fehlinformationen. Dem zu begegnen, braucht Mut und Ausdauer. ~

Hier stellen wir weitere Informationen zum 3. Kapitel für dich bereit:

Bücher, Instagram-Accounts, Onlinemagazine und Initiativen.

Jonglierend durch den Alltag
von Aileen Puhlmann

Ich habe eine 7-jährige Tochter, arbeite Vollzeit und bin Hauptverdienerin. Ich spiele Basketball, ich bohre Löcher in die Wand, ich bin Familienoberhaupt und treffe alle wichtigen Entscheidungen. Ich bin auch alleinerziehend, koche und putze. Und so sieht mich meine Tochter jeden Tag verschiedenste Rollen übernehmen, die mir teils gesellschaftlich gar nicht zugeschrieben sind. Wie ich sie begleiten kann, damit sie zu einer selbstbewussten, diskriminierungssensiblen Person wird, mache ich zu meiner Lebensaufgabe.

Durch unsere Sozialisierung entstehen Bilder im Kopf, die vermutlich besonders von Beobachtungen aus dem familiären Kontext stammen. Die Menschen, die uns am nächsten sind, haben den größten Einfluss auf uns. Wenn einem Kind zwar gesagt wird, dass Care-Arbeit doch am besten gerecht verteilt sein sollte, die Mutter aber ausschließlich den Haushalt macht, dann prägt das Gelebte und nicht das Gesagte. Da helfen auch vielfältige Bücher und aufklärende Gespräche nicht wirklich weiter.

In meiner Familie gibt es eigentlich nur Frauen. Männer haben immer nur nebensächliche Rollen gespielt und ich bin damit aufgewachsen zu sehen, dass Frauen den Alltag bestimmen, Entscheidungen treffen und die Finanzen organisieren und für meine Tochter ist es ähnlich. Meine Tochter fragt mich öfter, wie das wohl wäre, wenn ein Mann bei uns wohnen würde, ob wir dann noch so viel Platz hätten, ob sie dann auch noch die Geschirrspülmaschine ausräumen müsste oder ob der Mann das dann übernehmen würde. Ich spiele das Spiel gerne in meinem Kopf weiter. Was wäre, wenn ich fragen könnte »Kaufst du heute ein?« oder wenn ich nicht alleine für die finanzielle Sicherheit zuständig wäre, nach dem Motto »Ach, ich hab auch schon was auf der hohen Kante für die Kleine«. Was wäre, wenn ich gerecht besteuert würde? Dazu kommen natürlich all die zusätzlichen Dinge, die in meinem Kopf rumschwirren, wie der Brief für den Unterhaltsvorschuss, die Babysitterin, die für den Vortrag nächste Woche gebucht werden muss, und ach ja, die Schule will 'ne neue Zahnbürste.

All das lässt sich in dem als »Mental Load« beschriebenen Phänomen zusammenfassen, welches die unsichtbaren Aufgaben beschreibt, die in vielen Beziehungen häufiger bei der Mutter landen. Die fehlende Anerkennung dieser mentalen Last spielt oft eine Rolle in der anstrengenden Aushandlung von Care-Aufgaben und im »Wer macht mehr im Haushalt«-Streit. Während ich vom Aushandeln schreibe, fällt mir jedoch auf, wie unpassend sich das für mich anfühlt. Ich bin total dafür, dass sich vor allem Mütter für eine gleichberechtigte Elternschaft einsetzen. Und doch hat es wenig mit meiner eigenen Realität zu tun. Denn ich trage diese mentale Last komplett alleine. Wenn ich die Termine nicht im Kopf habe, dann klappt nichts. Da ist kein Netz, das mich auffängt, wenn ich mal zu verplant bin. Wenn ich beim Jonglieren im Alltag einen der Bälle fallen lasse, gibt es Chaos. Ich will aber trotzdem immer alles. Neben meiner Arbeit engagiere ich mich ehrenamtlich und mache Vereinssport. Ich brauche das alles, um eine eigenständige Person zu sein und um mich irgendwie noch zu spüren. Aber viel wichtiger ist, glaube ich, dass ich meiner Tochter vorlebe, dass ich auch zähle, dass ich als Mutter auch Bedürfnisse habe, damit sie jetzt und auch später ihre eigenen wahrnimmt.

Aileen Puhlmann leitet einen Verein, der sich neben der Förderung globaler Partnerschaften darum bemüht, eine machtkritische Auseinandersetzung in der Entwicklungszusammenarbeit zu unterstützen. Nebenberuflich hat sie mit »Community Kids« eine Eltern-Kind-Initiative für Schwarze Eltern in Hamburg gegründet und ist in der Antirassismusarbeit aktiv. Aileen zieht ihre Tochter alleine in St. Pauli groß.

HAST DU AUCH ALLES FÜR DIE SCHULE?
ICH GLAUB SCHON... TSCHÜSS!
DURCH SETZUNGS VERMÖGEN
SEXUALITÄT
FEMINISMUS
GENDER
SELBST LIEBE
SELBST BEWUST SEIN

DAS GRUNDSCHULKIND

6—11 Jahre

4

4.1. Der Schulhof

Der Übergang in die Grundschulzeit ist ein wichtiger Lebensabschnitt für Kinder. Hier erleben sie eine Zeit großer Veränderung. Viele Eltern empfinden diesen Zeitabschnitt als sehr herausfordernd. Nachdem die Kinder fest und sicher im Kitaalltag angekommen waren, gibt es nun wieder starke Emotionen und Auseinandersetzungen, die dich vielleicht an die erste Autonomiephase[70] erinnern. Im Gehirn des Kindes gibt es ab dem siebten Lebensjahr eine deutliche Veränderung bei der Persönlichkeitsentwicklung. Die intellektuelle Reife setzt ein, was bedeutet, dass die Kinder aktiv entscheiden, was sie lernen und welche Fähigkeiten sie vertiefen möchten. Die Kinder nehmen ihre Entwicklung mehr und mehr selbst in die Hand. Das merkst du im Alltag, wenn dein Kind dich mit großem Wissensdurst befragt und deine Angebote an Freizeitgestaltung und Ähnlichem wählerisch betrachtet.

70 Manche bezeichnen diese Autonomiephase fälschlicherweise als Trotzphase (zwischen zweieinhalb und vier Jahren).

Es gibt viele Studien, die die Rolle von Geschlecht in der Schule erforschen. Dabei wird immer wieder aufgezeigt, dass bestimmte Fähigkeiten, Interessen und gewisse Verhaltensweisen in der Schule belohnt werden und dass diese Merkmale mit dem stereotypen Bild von Mädchen gleichgesetzt werden können. In der Schule gilt als erwünscht ruhig, ordentlich, leseinteressiert, diszipliniert und konzentriert zu sein.[71] All das sind Fähigkeiten, die bei Kindern, die als Mädchen aufwachsen, schon früh gefördert und positiv bestärkt werden. Zu stereotyp sollen sie heutzutage dennoch nicht sein und dem Bild des selbstbewussten, empowerten Mädchens ebenso entsprechen. Dem gegenüber steht das Klischee von lauten, wilden, unordentlichen und raumgreifenden Jungen. Die Studien zeigen auf, dass Mädchen nicht generell positiver bewertet und belohnt werden, sondern nur jene Kinder, die dem oben beschriebenen Klischee entsprechen. Einen noch größeren Faktor für schulischen Erfolg stellen allerdings soziales Milieu und Bildungsgrad der Eltern dar und der gravierendste Teil der für diesen Erfolg wichtigen Entwicklung findet bereits bis zum Schuleintritt statt.[72] Die Komponente der sozialen Herkunft überlagert demnach deutlich den Aspekt des Geschlechts, macht ihn aber nicht unbedeutend.

Hier zeigen sich auch die Konsequenzen für die Schullaufbahn durch stereotypes Aufwachsen. Die unausgewogene Mischung beispielsweise von Spielangeboten und Spielzeug im Kleinkind- und Kindergartenalter bereitet die einen Kinder besser auf die Schule vor als die anderen.[73] Auch die Unterschiede der sprachlichen Begleitung — mit Mädchen wird tendenziell mehr gesprochen und gelesen als mit Jungen — führen dazu, dass die Kinder je nach Geschlecht unterschiedlich gut auf die Ansprüche des Schulsystems vorbereitet sind.

71 Siehe Paula-Irene Villa Braslavsky, Katrin Frisch, Dr. des. Isabel Klein, Dr. Imke Schmincke, Dr. Jasmin Siri: »Many Shades of Gender – Ein FAQ zu den Gender Studies«, LMU München 2019, https://gender.soziologie.uni-muenchen.de/shades-of-gender/index.html

Siehe auch Heike Solga, Rosine Dombrowski: »Soziale Ungleichheiten in schulischer und außerschulischer Bildung. Stand der Forschung und Forschungsbedarf«, Hans-Böckler-Stiftung (Hg.), 2009, https://boeckler.de/pdf/p_arbp_171.pdf

72 Siehe Martin Spiewak: »Ungerecht von Anfang an«, DIE ZEIT Nr. 2, 10.06.2021.

73 Hierzu mehr im 2. Kapitel, S. 46.

Das Schulsystem ist eindeutig zweigeschlechtlich organisiert. Gruppen werden von Fachkräften in Jungen und Mädchen aufgeteilt, die Toilettensituation fordert klare Zuordnung, Arbeitshefte und Materialien sind zunehmend geschlechtsspezifisch und in zweifacher Ausfertigung produziert. Auch darüber hinaus wird in Sprache, Struktur und Material nur selten mit Selbstverständlichkeit vermittelt, dass Geschlecht mehr ist als die Einteilung in Mädchen und Jungen.[74]

Hier sind vor allem die Fachkräfte in Schule und Hort gefragt. Der Einfluss von Eltern und Bezugspersonen wird zunehmend kleiner, ist aber nicht unmöglich. Hier im guten und wertschätzenden Kontakt zu bleiben ist bedeutend. Kinder müssen zwar ihren eigenen Weg in der Schule finden und gehen, aber sie sind abhängig von Erwachsenen. Diese sind als Vorbilder, Bezugspersonen und Gesprächspartner*innen wichtig und können den Kindern Stabilität und Vertrauen schenken und ihren Blick immer wieder weiten. Von großer Bedeutung ist auch, die Kinder in ihrem Tun zu bestärken. Es ist längst nachgewiesen, wie viel Einfluss es hat, ob ein Kind positiv bestärkt wird oder ob es hört, dass es gewisse Dinge sowieso nicht so gut kann. Hilfreiche Sätze können sein: »Alles muss gelernt und geübt werden. Manchen fällt das eine leichter, anderen etwas anderes. Das hat nichts mit dem Geschlecht zu tun. Meist liegt es daran, dass jemand etwas schon länger macht«, »Wenn jemand sagt, dass Jungen generell besser in Mathe sind, dann ist das Quatsch. Es gibt bedeutende Mathematikerinnen, die das in der Vergangenheit bewiesen haben«, »Manchmal lassen wir uns davon beeinflussen, wenn jemand sagt wir können etwas sowieso nicht. Dann scheitern wir auf einmal, obwohl wir etwas eigentlich gut können. Das ist gemein. Ich glaube an dich und weiß, du kannst das schaffen«.

74 Alternatives Material für den Unterricht findest du hier:

Vielma – Vielfältige Materialien, https://vielma.at

Selbstlaut (Hg.): »Ganz schön intim. Sexualerziehung für 6–12 Jährige, Unterrichtsmaterialien zum Download«, Wien 2013, https://selbstlaut.org/wp-content/uploads/Selbstlaut_Broschuere_Ganz_schoen_intim_korr20200301.pdf

Schulkinder sind vermehrt mit anderen Kindern unterwegs und auch durch Hobbys werden sie durch andere Kontexte geprägt. Beobachte dein Kind und überlege, wo du Impulse setzen kannst und möchtest. Wann seid ihr im guten Gespräch miteinander und offen für kritisches Nachdenken? Für manche sind Essenssituationen perfekt, für andere ist es das Gespräch auf der Bettkante am Abend oder es sind die Fahrten mit Auto, Bus oder Rad. Wieder andere schaffen gerne Anlässe durch Bücher, Filme, gemeinsame Aktivitäten oder Ausflüge. Du kannst Themen einbringen, indem du sagst »Stell dir vor, was ich heute gelesen habe …«, »Was denkst du eigentlich darüber?«, oder du fragst bei Kommentaren deines Kindes nach: »Wenn ich das so höre, fühlt sich das ganz schön heftig an. Wie hast du dich gefühlt?«. Bleib neugierig, authentisch und mit deinen eigenen Gefühlen verbunden, während du liebevoll den Gedanken und Gefühlen deines Kindes folgst. ~

4.2. Eine neue Gefühlswelt

Im Alter von drei bis fünf Jahren entwickeln Kinder mehr und mehr Fähigkeiten im Bereich der Gefühle. Sie können offen gezeigte Grundgefühle erkennen, wissen, dass Gefühle sich ändern können und bekommen ein Gespür dafür, dass Gefühle Ursachen haben.[75] Wir Erwachsenen erwarten in diesem Alter häufig, dass Kinder in der Lage sind, sich in eine andere Person hineinzuversetzen und Empathie zu spüren, doch diese Fähigkeit beginnt sich erst langsam auszubilden und ohne Unterstützung im emotionalen Lernen braucht es noch viel länger. Hier werden Kinder oft überfordert und allein gelassen. Insbesondere Kinder, die als Mädchen aufwachsen, bekommen hier viele Angebote und Lernraum im Gegensatz zu Kindern, die als Jungen im Leben begleitet werden. Bereits die unterschiedlichen geschlechtsspezifischen Spielszenarien sind hier prägend.[76] Im Alter von sechs bis zehn Jahren sollten Kinder in der Lage sein, Gedanken, Gefühle und Absichten anderer besser einschätzen zu können. Auch hier ist zu beachten, dass dies gelernt werden muss und ein geschlechtsspezifisches Spielangebot hier unterschiedlich fördert. Im Rollenspiel mit Figuren, Puppen oder Kuscheltieren wird Empathie intensiver gelernt als beispielsweise im Spiel mit Werkzeugen, Bausätzen und Eisenbahnen. Was also häufig als gegebener Unterschied zwischen Geschlechtern markiert wird, hängt in erster Linie davon ab, inwiefern Fähigkeiten ausgebildet werden konnten.

Im Grundschulalter lernen Kinder zwischen Freundschaft, Liebe und Lust zu unterscheiden.[77] Sie spüren, dass Liebe und Verliebtsein zur allgemeinen Gefühlswelt gehören. In diesem Alter verlieben sich Kinder selbst oft das erste Mal. Du wirst dann erleben,

75 Siehe Udo Baer, Gabriele Frick-Baer: »Wie Kinder fühlen«, Beltz Verlag, Weinheim/ Basel 2021.

76 Mehr dazu im 2. Kapitel , S. 46.

77 Siehe WHO-Regionalbüro für Europa und BZgA: Standards für die Sexualaufklärung in Europa. BZgA, Köln 2011.

wie dein Kind mit all den rauschenden Gefühlen und auch mit emotionalen Tiefs umgeht. Es wird vielleicht träumen, schwärmen, Briefchen schreiben und Enttäuschungen erfahren. Vielleicht sucht es an einigen Stellen deinen Rat oder deine tröstende Umarmung. Für wen dein Kind starke Gefühle entwickelt, kann niemand bestimmen. Es passiert. An dieser Stelle tritt erstmals das Thema sexuelle Orientierung in einer konkreteren Form in das Leben deines Kindes in Bezug auf sich selbst. Es wird wissen, dass es nicht egal ist, durch wen das Kribbeln im Bauch ausgelöst wird. Alle — oft falschen — Informationen zu gleichgeschlechtlicher und gegengeschlechtlicher Liebe werden abgerufen und auf sich selbst übertragen. In wen sich dein Kind in diesem Alter verliebt, muss überhaupt nichts mit der sexuellen Orientierung für das gesamte Leben zu tun haben, kann es aber. Es ist allerdings bedeutend, wenn dein Kind durch frühe homophobe[78] Botschaften verunsichert ist, denkt, falsch oder eklig zu sein und sich nicht frei und offen den aufregenden Gefühlen hingeben kann. Diese Botschaften hat dein Kind in all den Jahren aus allen möglichen Kontexten zusammengesammelt. Hier kannst du ins Gespräch gehen, dich als Ansprechperson[79] sichtbar machen und selbst Akzente setzen. ~

78 Homophobie: Feindseligkeit gegenüber Menschen, die homosexuell sind.

79 Ansprechperson wirst du im Laufe des Lebens. In Bezug auf Körper und Sexualität schaue auf die Hinweise in Kapitel 1–3. Allgemein zeigen auch diese Werke Möglichkeiten auf:

Patty Wipfler, Tosha Schore: »Hand in Hand. Fünf einfache Strategien durch die Höhen und Tiefen des Elternseins«, Arbor Verlag, Freiburg 2017.

Alfie Kohn: »Liebe und Eigenständigkeit. Die Kunst bedingungsloser Elternschaft, jenseits von Belohnung und Bestrafung«, Arbor Verlag, Freiburg 2010.

4.3. Geschlechterrollen im Grundschulalter

Auch die Auseinandersetzung mit Geschlechterrollen setzt sich im Grundschulalter fort. Schon zwischen drei und fünf Jahren merken manche Kinder, dass ihr zugeschriebenes Geschlecht sich nicht stimmig anfühlt. Im Optimalfall schaffst du es, dein Kind gemeinsam mit

deinem Umfeld und der Kita liebevoll dabei zu begleiten. Das Gleiche gilt für die kommenden Jahre. Doch wie genau soll das aussehen? Niemand darf dein Kind zu irgendetwas drängen. Erwachsene verfallen schnell in Unsicherheiten und wollen von Kindern dann Klarheit haben. Das ist selten passend für das Kind.

Ein gutes Beispiel dafür ist die Frage nach Pronomen[80]. Diese sind für Kinder oft nicht wichtig und auch der eigene Name ist ein Prozess. Sie probieren rum, nennen sich mal so, mal anders. Manche Kinder probieren verschiedene Namen in Rollenspielen aus, andere im Alltag, wieder andere beschäftigen sich ausschließlich in ihren Gedanken damit und für einige ist es lange Zeit überhaupt kein Thema und dann von heute auf morgen plötzlich doch. Wenn ein Kind hier etwas ausprobieren möchte oder eine Klarheit verspürt, dann sagt es meist von selbst Bescheid. Kinder, die mit einem kritischen Blick auf Zweigeschlechtlichkeit aufwachsen, haben es meist leichter und sie profitieren davon, wenn ihre Freund*innen auch schon etwas darüber

80 Ob ein Mensch mit »sie« oder »er« oder ganz anders angesprochen bzw. bezeichnet werden möchte.

gehört haben. Das Wissen über trans* und inter sowie Heteronormativität[81] überfordert Kinder im Vergleich zu Erwachsenen so gut wie nie. Ganz im Gegenteil — es ermöglicht ihnen andere zu empowern, Verbündete zu werden und auch den eigenen Weg besser zu finden. ~

4.4. Schönheitsbilder

Schönheitsnormen prägen Kinder von Geburt an. Die Formulierung »das schöne Geschlecht« macht deutlich, dass insbesondere für Mädchen und Frauen Schönheit als sehr wichtiger Aspekt ihres Seins gesehen wird. Kinder erfassen das schnell, da es auch durch Spielzeug, Kleidung, Abbildungen, Geschichten und Filme deutlich wird. Auch wenn in den letzten Jahren zunehmend alle Geschlechter[82] in den Fokus von Schönheitsnormen rücken, ist es für Menschen, die als Mädchen und Frauen leben, noch immer von grundlegenderer Bedeutung. Das können wir mit Kindern besprechen. Dafür kannst du beispielsweise auf immer mehr Bücher[83] zurückgreifen oder in passenden Situationen direkt ins Gespräch gehen.

Wenn dein Kind zum Beispiel die Verwunderung ausdrückt, dass jemand rasiert oder eben nicht rasiert ist, kann das ein guter Aufhänger dafür sein, ein Gespräch über Körperbehaarung und Schönheitsideale zu führen. Vielen Kindern ist nicht bewusst, dass alle Menschen am ganzen Körper Haare haben. Auch die Haarfarbe, Haarstruktur und Haardichte ist bei Menschen aller Geschlechter sehr verschieden. Ob Haare gefärbt, geschnitten, rasiert, epiliert, gewachst oder anders in Form gebracht werden, darf jeder Mensch für sich selbst entscheiden. Hier kann es interessant sein, das Kind selbst zu fragen: »Was hast du denn beobachtet? Was denkst du, ist für wen wann angeblich

81 Siehe 1. Kapitel , S. 19.

82 Dies zeigt beispielsweise das Magazin »Men's Health« (2016 auch mit dem trans* Mann Benjamin Melzer auf dem Cover).

83 Buchempfehlungen für Jugendliche

Jessica Sanders: »Die Anleitung zur Selbstliebe: Liebe deinen Körper«, Zuckersüß Verlag, Berlin 2020.

Jessica Sanders: »Sei ein ganzer Kerl«, Zuckersüß Verlag, Berlin 2020.

Marawa Ibrahim: »Girl Guide. Wie du lernst, deinen Körper so zu lieben, wie er ist«, Carlsen Verlag, Hamburg 2020.

Anna Fiske: »Alle haben einen Po«, Carl Hanser Verlag, München 2019.

richtig?«. Oft sind Haare an bestimmten Körperstellen mit Ekel oder auch mit Vorstellungen von Hygiene verbunden — auch das ist erlernt. Auch wir Erwachsenen haben viele Gedanken und Gefühle zu Haaren, die stark von Medien und Gesellschaft geprägt sind. Hier in eine kritische Auseinandersetzung zu gehen, kann spannend sein.

Auch wenn dein Kind immer autonomer wird, du bleibst ein wichtiges Vorbild. Die Art und Weise, wie wir unseren Körper mögen, umsorgen und schätzen oder auch nicht, ist vorbildhaft. Schauen wir regelmäßig in den Spiegel mit einem Gesichtsausdruck der Unzufriedenheit, stellen uns permanent auf die Waage und beschäftigen uns mit Diäten, werden unsere Kinder das beobachten und lernen. Dein Kind lernt auch von dir, wie es mit Unzufriedenheiten bezüglich des eigenen Körpers zurechtkommen kann und was alles als schön wahrgenommen wird.[84] Es reicht nicht, deinem Kind immer wieder zu sagen, dass es perfekt ist, so wie es ist, wenn du gleichzeitig dabei beobachtet werden kannst, wie du deinen eigenen Körper kritisierst. Halte nach vielfältigen Körperbildern in den Medien Ausschau, die für dich selbst und deine Kinder als Vorbild dienen können.[85] ~

84 Buchempfehlung

Sonja Eismann, Amelie Persson: »Wie siehst du denn aus? Warum es normal nicht gibt«, Beltz & Gelberg, Weinheim 2020.

85 Ein Aspekt, der auch hier beleuchtet wird: Mareice Kaiser: »Das Unwohlsein der modernen Mutter«, Rowohlt, Hamburg 2021.

4.5. Umgang mit Medien

Im Grundschulalter fangen Kinder an, Plakate, Werbung und andere Medien konkreter wahrzunehmen. Sie bekommen viele Botschaften zu Männern, Frauen und Geschlechterdynamiken, die nicht auf Gleichberechtigung beruhen. Frauen werden oft passiv, schwach, unwissend, unterlegen und als körperlich verfügbar dargestellt. Männer sind häufig in Machtpositionen, körperlicher Überlegenheit und dominant zu sehen. Beides sind einseitige Darstellungen von Geschlecht, die einschränken und Druck machen können. Wer ein gutes Selbstbewusstsein und ein gutes Körpergefühl hat, kann diesen Bildern mehr entgegensetzen und wird durch sie weniger beeinflusst. Hilf deinem Kind einen kritischen Blick für Werbung zu entwickeln, indem du mit ihm ins Gespräch gehst, Einseitigkeiten aufdeckst und einen Realitätsabgleich machst. Ihr könnt über Bildbearbeitung sprechen[86] oder überlegen, wer wie abgebildet wird und wie sich das in eurem sozialen Umfeld gestaltet. Konkret: Wer macht bei uns meist die Wäsche, mäht den Rasen, kocht, backt, betreut Kinder, kauft Lebensmittel, repariert Dinge, ...?

Dein Kind bekommt nun auch ein Bewusstsein dafür, dass Sex(ualität) in den Medien auf verschiedene Art und Weise dargestellt wird und oft gibt es — und das in der Regel unbeabsichtigt — erste Kontakte mit Pornografie durch Bilder oder Videos. Kinder brauchen hier erwachsene Ansprechpersonen.[87] Du selbst musst diese Ansprechperson nicht sein, aber du kannst darauf achten, dass es jemanden im Leben deines Kindes für diese Rolle gibt. Vielleicht hast du eine Person in deinem Freundes- oder Bekanntenkreis, bei der du dir vorstellen kannst, dass sie für diese Gesprächsthemen gut zu deinem Kind passen könnte. Sprich die Person an und überlegt gemeinsam, wie das gehen könnte oder welche Alternativen es gibt. Wir müssen nicht alles können, aber wir können einen Rahmen schaffen, damit unsere Kinder die Unterstützung bekommen, die sie brauchen. Für all das dürfen und sollten auch wir uns Unterstützung holen. ~

86 Ein spannendes Video dazu: https://dw.com/de/wie-photoshop-unsere-wahrnehmung-ver%C3%A4ndert-hat/a-18287075

87 Ausführliche Infos zu Kindern und Medien (auch zum Thema Pornografie) liefert das Projekt klicksafe: https://klicksafe.de

4.6. Sich stark machen gegen Ungerechtigkeiten

Grundschulkinder haben einen starken Sinn für Gerechtigkeit und ein großes Bedürfnis danach. Gleichzeitig haben sie schon ausreichend viele Jahre gelernt und verinnerlicht, dass es Ungerechtigkeiten in der Welt gibt. Die vier Ziele der vorurteilsbewussten Bildung und Erziehung[88] zeigen auf, wie Kinder und Erwachsene einen vorurteilsbewussten Weg in die Welt gehen können. An vierter Stelle steht das Ziel »Sich Diskriminierung und Vorurteilen widersetzen«. Hier ist die Aufgabe von Erwachsenen, die Kinder im Leben zu begleiten, sie zu ermutigen, sich für gerechte Verhältnisse und gegen Ausgrenzung und Diskriminierung stark zu machen.

Äußerungen, denen Kinder häufig begegnen, sind: »Du darfst nicht mitspielen, weil du ein Mädchen bist!«, »Als Mädchen musst du später Mama werden!«, »Jungen, die rosa tragen, sind schwul und doof!«, »Du hast zwei Mamas, das ist keine normale Familie!«, »Jungen, die Ballett machen, sind keine richtigen Jungen!«, »Was bist du denn nun? Ein Junge oder ein Mädchen? Mit so jemand Komischem spiel ich nicht!«.

Sätze, die du mit deinem Kind üben kannst, damit es sich gegen Diskriminierung stark machen kann, sind beispielsweise: »Stopp, das ist nicht ok!«, »Das ist ungerecht!«, »Das Wort ist verletzend!«, »Hör auf, das ist gemein!«, »Ich geh Hilfe holen!«. Ausführlichere Sätze könnten sein: »Es ist ungerecht andere wegen ihres Geschlechts nicht mitspielen zu lassen!«, »Alle dürfen selber entscheiden, was sie wollen!«, »Menschen können Dinge gut, weil sie sie gelernt und geübt und nicht weil sie irgendein bestimmtes Geschlecht haben!«, »Ein Kleidungsstück, lackierte Nägel oder die Farbe Rosa machen niemanden schwul und wenn jemand schwul ist, ist das gut so und nicht doof!«, »Familien sind unterschiedlich und jede Familie ist gut so wie sie ist!«, »Es gibt nicht den richtigen Jungen und das richtige Mädchen. Manche Menschen sind auch beides. Alle sind verschieden und das ist gut so!«.

Vielleicht passen diese Sätze nicht zu dir oder deinem Kind, aber sie geben euch eine Inspiration für eigene Sätze, die für euch stimmig sind. Wenn Kinder von Situationen, die sie in der Schule, auf dem Spielplatz oder beim Hobby erlebt haben erzählen, ist ein guter Zeitpunkt, um über passende Reaktionen zu sprechen, allerdings erst, wenn alle Gefühle ausreichend Raum bekommen haben. Wer noch mit starken Gefühlen beschäftigt ist, kann sich nicht sachlich auf etwas konzentrieren. Präventiv können Bücher oder Filme ein Aufhänger sein, um sich hilfreiche Sätze für alle Fälle gemeinsam zu überlegen. ~

88 Siehe Institut für den Situationsansatz / Fachstelle Kinderwelten:

1. Ich-Identität und Bezugsgruppen stärken (ich bin gut, so wie ich bin und meine Bezugsgruppen auch).
2. Respekt für Vielfalt entwickeln (wenn ich weiß, dass ich selbst gut bin, wie ich bin und dazugehöre, kann ich anschließend mit Vielfalt in Kontakt kommen und Menschen gleichberechtigt wertschätzen).
3. Kritisches Denken über Vorurteile und Diskriminierung anregen.
4. Sich Diskriminierung und Vorurteilen widersetzen (aktiv werden gegen Ungerechtigkeiten und Ausgrenzung).

Hier stellen wir weitere Informationen zum 4. Kapitel für dich bereit:

Bücher, Instagram-Accounts, Onlinemagazine und Initiativen.

Niemals aufhören anzufangen
von Linus Giese

Vor einer Woche kam ein junger trans* Mann in den Buchladen, in dem ich arbeite. Das ist etwas, das mir öfter passiert: Junge Menschen, die mein Buch »Ich bin Linus. Wie ich der Mann wurde, der ich schon immer war« gelesen haben, kommen zu mir in den Laden. Oft bringen sie mein Buch mit, das sie irgendwo anders gekauft und bereits gelesen haben. Oft darf ich dann ein paar Worte in mein eigenes Buch hineinschreiben und wünsche den jungen Menschen meistens viel Mut und Freude für den Weg, der vor ihnen liegt. Meinen kurzen Gruß beende ich immer mit denselben Worten: »Und bitte nicht vergessen: Niemals aufhören anzufangen.«

»Habt Spaß, habt Mut, vertraut euch selbst!« würde ich am liebsten allen von ihnen zurufen. In manchen Fällen wollen die Menschen, die zu mir kommen, auch noch ein gemeinsames Foto mit mir machen – das fühlt sich oft seltsam an, aber ich versuche, ihnen diesen Wunsch zu erfüllen. Ich weiß, wie wichtig für viele von ihnen diese Begegnung mit mir ist, denn allzu viele öffentlich sichtbare und ansprechbare trans* Menschen gibt es nicht. Deshalb möchte ich diesen Moment so schön wie möglich gestalten.

Der junge trans* Mann, der letzte Woche da war, hieß Aiden. Er war gerade einmal sechzehn Jahre alt und trug Ohrringe in den Farben der trans* Flagge. Sein Besuch blieb mir auch in Erinnerung, weil Aiden von seiner Mutter begleitet wurde. Beim Bezahlen einiger

Bücher erzählte sie mir, dass sie mein Buch gelesen und viel dadurch gelernt hat – sie äußerte den Wunsch, Aiden auf seinem Weg zu begleiten. Aus ihren Worten sprach vieles zugleich: die Liebe für ihr Kind, der unbedingte Wille zur Unterstützung, aber gleichzeitig auch die Angst vor dem, was noch vor ihnen liegt.

Der Besuch der beiden berührte mich sehr. Wenn ich junge trans* Menschen kennenlerne, die von ihren Eltern geliebt und unterstützt werden, überwältigen mich Gefühle, die oft nur schwer auszuhalten sind: Es ist eine diffuse Mischung aus Freude und Begeisterung sowie Neid, Schmerz und Wut. Es ist so schön zu sehen, wie sehr dieser Sohn geliebt und unterstützt wird und gleichzeitig ist es so unglaublich schmerzhaft zu erkennen, dass ich diese Liebe und Unterstützung nicht erleben durfte.

Ich erzähle diese Anekdote, weil sie zwei Dinge illustriert: wie sicher, selbstbewusst und mutig Menschen das Gefühl machen kann, so geliebt und angenommen zu werden, wie sie sind. Und wie viel Schmerz und Schaden Kindern zugefügt wird, die diese Erfahrung nicht machen dürfen. Auch wenn es vielleicht so klingt, ich möchte keine Erziehungstipps geben, ich kann das gar nicht. Ich bin kein Vater, und es ist sehr wahrscheinlich, dass ich niemals Kinder haben werde. Ich bin Linus – ich bin ein trans* Mann, der sich sein ganzes Leben lang verzweifelt wünschte, seinen Eltern ein Sohn sein zu dürfen. Für die Kinder,

Linus Giese ist studierter Germanist und arbeitet seit November 2017 als Buchhändler in Berlin. 2020 erschien sein erstes Buch »Ich bin Linus. Wie ich der Mann wurde, der ich schon immer war« im Rowohlt Verlag.

die heutzutage aufwachsen, und für alle Generationen, die noch folgen werden, wünsche ich mir, dass ihnen die Freiheit geschenkt wird, sein zu dürfen, wer sie sind.

Wie Eltern bemerken können, dass das eigene Kind trans* ist, ist eine schwierige Frage — es gibt keine Diagnoseliste, die man abhaken könnte. Aber natürlich kann es Verhaltensmuster oder Auffälligkeiten geben, aus denen Eltern möglicherweise Anhaltspunkte gewinnen können. Was es auf jeden Fall gibt, sind viele Kinder, die ihren Eltern irgendwann sagen, dass sie trans* sind — es ist wichtig, diesen Kindern zuzuhören, sie ernst zu nehmen und ihnen zu glauben.

Wenn Kinder beginnen, mit ihrer Geschlechtsidentität zu hadern — oder damit zu experimentieren —, bekommen viele Eltern Angst: Leidet mein Kind an einer Störung? Ist es psychisch erkrankt? Wie wird das Umfeld reagieren? Ich kann nur versuchen, Eltern diese Ängste zu nehmen — trans* zu sein, sollte heute etwas völlig Normales sein. Darüber nachzudenken, wer ich sein möchte, wie ich leben will und was mich glücklich macht, sollte etwas Schönes und Aufregendes sein, nichts Schambehaftetes, das unterdrückt werden muss. Aber oft ist es genau das: schambehaftet. Ich glaube, dass es unsere Aufgabe als Gesellschaft sein muss, trans* Kinder, trans* Jugendliche und trans* Erwachsene als einen völlig normalen Bestandteil unserer Lebensrealität zu sehen.

Bei meiner Arbeit im Buchladen stelle ich immer wieder fest, wie starr unsere Geschlechterrollen bei Kindern geworden sind: Es gibt ganz klare Vorstellungen davon, was Mädchen und Jungen sein dürfen, tragen sollen und spielen können. Wenn eine Mutter mir erzählt, dass ihr fünf Jahre alter Sohn gerne ein Kleid im Kindergarten trägt, ist das für mich noch lange kein Hinweis darauf, dass dieses Kind trans* ist — dieses

Kind trägt einfach nur gerne ein Kleidungsstück, das ihm gefällt. Ich glaube, wir würden allen Kindern in ihrer Entwicklung einen großen Gefallen tun, wenn wir diese veralteten Rollen und Stereotype endlich hinter uns lassen würden.

Wenn ein Kind sich bei den Eltern als trans* outet, haben viele wahrscheinlich erst einmal Angst: Was wird jetzt passieren? Wie wird die Zukunft meines Kindes aussehen? Wird es vielleicht gemobbt? Ich glaube, schlimmer als jedes Mobbing ist für trans* Kinder das Verstecken der eigenen Identität. Wenn du ein Junge bist, dann möchtest du auch als Junge gesehen und angesprochen werden.

Bei mir selbst war es so, dass ich immer so sein wollte wie mein Bruder. Was ich mir damals von meinen Eltern gewünscht hätte: Akzeptanz, Unterstützung, Verständnis für meine Wünsche und Bedürfnisse — trans* zu sein ist kein schmutziges Geheimnis. Alle Eltern, deren Kinder trans* sind, dürfen laut, selbstbewusst und stolz damit umgehen. ~

GEH DEINEN EIGENEN WEG

PRE-TEENS UND TEENAGER

11—18 Jahre

5

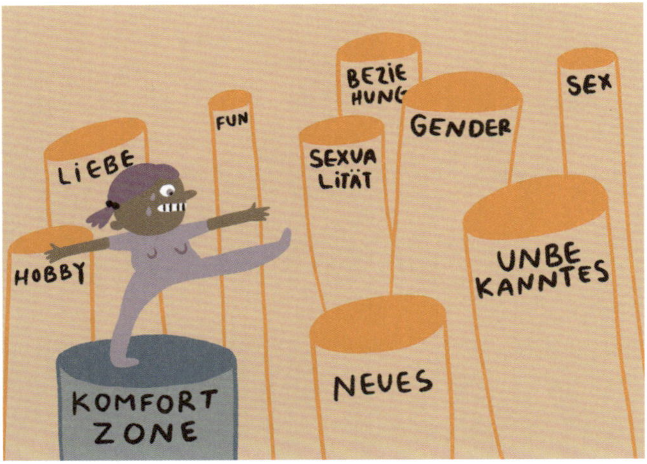

5.1. Empowert und wissend in die Pubertät

Einige Eltern sehen der Pubertät ihrer Kinder mit Sorgen und Ängsten entgegen. Andere sind gespannt, neugierig und ein bisschen aufgeregt. Hier nehmen oft die eigenen Pubertätserfahrungen Einfluss und prägen unsere Gefühle im Hier und Jetzt. Was auch immer deine Emotionen mit Blick auf die Pubertät sind, eine ganz eigene Geschichte erwartet dich und dein Kind. In den ersten drei bis vier Lebensjahren hast du es am meisten geprägt. Danach warst du Vorbild und Orientierungspunkt. In Richtung Pubertät wird dein großer Einfluss auf dein Kind geringer werden. Nun übernehmen Gleichaltrige und andere Erwachsene eine tragendere Rolle. Dein Kind braucht dich noch immer, aber anders. Es muss wissen, dass jemand mit ganzem Herzen und möglichst bedingungslos hinter ihm steht, damit es den eigenen Weg finden kann.

Die Bindung, die im Vorfeld zwischen Kindern und Eltern aufgebaut wurde, trägt nun die Beziehung.[89]

Da Kinder in der Pubertät seltener ihre Eltern um Rat fragen — auch wenn diese sonst immer konsultiert wurden —, ist es wichtig, sie gut informiert in diese Phase zu entlassen. Wie fachlich korrekt oder irreführend die Informationen von Gleichaltrigen oder anderen Erwachsenen sowie durch Medien sind, mit denen Jugendliche in Berührung kommen, werden wir als Eltern und Begleitpersonen wahrscheinlich nicht erfahren. Wenn dein Kind empowert[90] und wissend in den Kontakt mit Medien und in die Gespräche mit anderen geht, hilft es auch dir, es vertrauensvoll ziehen zu lassen. Das bedeutet nicht, dass du nun nicht mehr gebraucht wirst. Ganz im Gegenteil. Jugendliche brauchen Menschen, denen sie vertrauen können, die mit ihnen im Dialog bleiben, in diesen stürmischen Zeiten den Kontakt halten, sich aber nicht aufdrängen. Impulse kannst du noch immer geben und auch dafür sorgen, dass unterstützende Literatur zur Verfügung steht.[91] Du kannst dich selbst auf dem Laufenden halten und auch Links zu interessanten Webseiten[92] weiterleiten. Vielleicht passt zu euch ein gemeinsames Abo[93], sodass ihr Impulse habt, über die ihr ins Gespräch kommen könnt. Du kannst dem Mainstream etwas entgegensetzen, indem du zeigst, dass es auch Alternativen gibt und wie an diese heranzukommen ist. Jugendliche sind täglich mit Medien beschäftigt, aber das heißt nicht, dass sie auch medienkompetent sind. Dafür brauchen sie Unterstützung. ~

89 Buchempfehlungen

Jesper Juul: »Pubertät – wenn Erziehen nicht mehr geht. Gelassen durch stürmische Zeiten«, Kösel Verlag, München 2010.

Dr. Gordon Neufeld, Gabor Maté: »Hold on to your kids: Why parents need to matter more than peers«, Vermilion, London 2019.

90 Empowert bedeutet ermächtigt.

91 Empfehlungen

Fluter, https://fluter.de

Missy Magazine, https://missy-magazine.de

92 Empfehlungen für Jugendliche

Beauty Delicious, https://beautydelicious.de

Mein Testgelände. Das Gendermagazin, https://meintestgelaende.de

Unbounded Ambition, https://unboundedambition.de

Primamuslima, https://primamuslima.de

93 Siehe Fußnote 91.

5.2. Körper im Wandel

Den Beginn der Pubertät leitet die Hypophyse[94] ein. Sie bewirkt, dass der Körper in die Produktion von Hormonen einsteigt. Die Hormone Östrogen, Gestagen und Testosteron werden in Hoden und Eierstöcken produziert und beginnen im Körper Veränderungen anzustoßen. Nicht selten werden erst zu diesem Zeitpunkt eine Intergeschlechtlichkeit oder Variationen der Geschlechtsmerkmale sichtbar.[95] In dieser Phase der Pubertät ist Zweigeschlechtlichkeit in Bezug auf Körper sehr dominant, was sich auch in der Pubertäts- und Aufklärungsliteratur deutlich zeigt, aber auch im Alltag, beispielsweise in Sportvereinen oder bei anderen Freizeitangeboten, sichtbar wird — die Trennung in Mädchen und Jungen ist allgegenwärtig. Das bringt für Kinder, die trans* oder inter sind, eine besondere Herausforderung mit sich, die in dieser Form nicht notwendig ist. Aber auch alle anderen werden durch die starren Kategorien von Männlichkeit und Weiblichkeit

94 Eine Drüse an der Hirnbasis.

95 Beispielsweise indem innenliegende Hoden, von denen nichts gewusst wird, mit der Hormonproduktion beginnen und den Körper verändern.

in ihrer freien Entwicklung gehemmt. Leider schaffen es selbst die aktuellen Aufklärungsmaterialien und Bücher bisher nicht, der bestehenden Vielfalt ausreichend gerecht zu werden.

Hier braucht es unterstützende Erwachsene, die aufklärend helfen und auf einseitige Darstellungen hinweisen: »Es ist nicht gerecht, dass dieses Buch so tut, als wenn es nur zwei Geschlechter gäbe und es so darstellt, als wäre nur das normal. Trans* und inter zu sein ist genauso richtig wie cis zu sein. Außerdem sollten sie in den Büchern nicht immer davon ausgehen, dass alle heterosexuell sind. Als wäre das das Einzige und Richtige. So ein Quatsch. Du kannst dich verlieben, in wen du willst und auch zusammen sein, mit wem du willst. Wichtig ist, dass es euch gut miteinander geht.«

Solche oder ähnliche Informationen sind für alle Jugendlichen hilfreich. Meist wird unnötig gegendert oder differenziert. Pickel, fettige Haut, stärkeres Schwitzen, Haarwachstum, (langsam) wachsende Geschlechtsorgane[96] und Gefühlsschwankungen beschäftigen alle Jugendlichen. Viele Erklärungen beinhalten zudem stereotype Haltungen, die Jugendliche unnötig einschränkend prägen. In der Literatur für Mädchen wird beispielsweise meist überdurchschnittlich viel über Hygiene gesprochen, wohingegen in den Infomaterialien für Jungen der Spaß mehr im Mittelpunkt steht. Auch hier zeigt der kleine Unterschied oft große Wirkung, wenn es beispielsweise heißt, dass die einen »Haare an den Hoden« bekommen und die anderen »Schamhaar«.[97]

Überlege dir gut, welche Infos du deinem Kind auf dem Weg in die Pubertät schon mitteilen möchtest, wenn es noch offen und neugierig mit dir im Gespräch über Körper ist. Es kann wichtig und empowernd sein, schon bevor sich jemand mitten in der Situation

96 Es wird eigentlich nie darüber aufgeklärt, dass auch Vulvalippen wachsen und sich verändern, aber dem ist so.

97 Buchempfehlungen für Jugendliche

Sonja Eismann, Amelie Persson: »Wie siehst du denn aus? Warum es normal nicht gibt«, Beltz&Gelberg, Weinheim 2020.

Jan von Holleben, Antje Helms: »Kriegen das eigentlich alle? Die besten Antworten zum Erwachsenwerden«, Gabriel Verlag, Stuttgart/Wien 2016.

Katharina von der Gathen, Anke Kuhl: »Klär mich auf. 101 echte Kinderfragen rund um ein aufregendes Thema«, Klett Kinderbuch Verlag, Leipzig 2015.

Robie H. Harris, Michael Emberley: »Total normal. Was du schon immer über Sex wissen wolltest«, Beltz & Gelberg, Weinheim 2017.

Nina Brochmann, Ellen Stokken Dahl: »Schamlos schön. Klartext über Pubertät, wirre Gefühle und den Mut, du selbst zu sein«, Dressler Verlag, Hamburg 2020.

befindet, zum Thema Sexualität gehört zu haben: »Wenn zwei Menschen sich näherkommen wollen und beide Lust haben, können sie sich am ganzen Körper streicheln, küssen und liebkosen. Wichtig ist, dass sie sich immer wieder versichern, dass die andere Person das auch möchte. Reden ist in solchen Momenten hilfreich. Mund und Hände können den ganzen Körper erkunden. Viele finden es schön, auch die Genitalien gegenseitig zu erkunden. Das geht mit Mund, Händen und den Genitalien selbst. Dabei lässt sich miteinander herauszufinden, was sich wann schön anfühlt. Wichtig ist, immer wieder darüber zu sprechen, weil sich das auch verändern kann. Wenn jemand etwas nicht möchte, dann muss das akzeptiert werden. Es findet sich sicher etwas, was für beide toll ist.« Solche oder ähnliche Sätze können sehr konkret und allgemein zugleich sein. Wichtig ist, dass sie der Vielfalt Platz machen. Was Erwachsene selbst erregend finden, gehört nicht in das Gespräch mit Kindern und Jugendlichen, auch wenn diese danach fragen sollten. Minderjährigen pornografische Bilder vorzuführen oder zur Verfügung zu stellen ist in Deutschland strafbar und jederzeit unangebracht.

Was allerdings zum Vermitteln von Medienkompetenz gehört, ist Jugendliche dafür zu sensibilisieren, dass pornografische Darstellungen im Internet oft mit der physischen Realität gelebter Sexualität wenig gemein haben. Sie sind ein bisschen wie Fantasyfilme. Nach bestimmten körperlichen Merkmalen (große Brüste, lange Penisse) gecastete Darstellende folgen den Anweisungen der oft männlichen Regisseure und »spielen« ein Drehbuch für Erwachsene nach. Hier lässt sich auch der Sinn der Gesetzgebung erläutern. Warum sollen Jugendliche unter 18 keine Pornos gucken? Damit sie ihre eigenen sexuellen Erlebnisse machen können, ohne diese Bilder im Kopf zu haben, ohne das Gefühl, selbst zu Schauspielenden werden zu müssen, um diesen Bildern zu genügen. Weil Sex eben viel individueller ist, als uns diese Bilder glauben lassen.[98] ~

98 Für weitere Informationen und Tipps: https://schau-hin.info

5.3. Identitätssuche, Peers und soziale Netzwerke

In der Pubertät orientieren sich Jugendliche zunehmend an Gleichaltrigen oder Gleichgesinnten, denn sie bieten eine Möglichkeit der wechselseitigen Bestätigung und Anerkennung. Diese Freundschaften helfen bei der Ablösung von den Eltern, geben Orientierung und einen stabilen Rahmen in einer Zeit der inneren Instabilität. Jugendlichen, die aus einer sicher gebundenen Kindheit kommen, fällt es leichter, in Gruppen anzukommen und stabile Beziehungen zu gestalten. In den Peergroups werden Erlebnisse und Erfahrungen geteilt, Gruppenrollen erprobt und sie geben Raum, um sich im Sozialverhalten zu üben. Außerdem sind sie ein wichtiger Ort für Selbstdarstellungen.

Peergroups können Jugendlichen Halt geben und sie in ihrer Identitätsfindung unterstützen, sie können aber auch Druck ausüben, bis hin zum Gruppenzwang. Die starke Bindung der Teenager untereinander erzeugt auch eine starke Dynamik. Davon können Jugendliche profitieren, doch auch stereotype Rollenbilder und Hierarchien unter den Teenagern sind hier starke Kräfte. Je selbstbewusster Kinder in diese Zeit gehen, desto besser. Und auch wenn Eltern und Bezugspersonen hier meist nicht mehr die gefragten Gesprächspartner*innen sind, spürbar präsent und ansprechbar zu sein macht einen Unterschied.

FINDE DICH SELBST
PAN
LESBISCH
BI
SCHWUL
INTER
TRANS
ASEXUELL
NICHT-BINÄR

WhatsApp, Instagram und TikTok sind die derzeit beliebtesten sozialen Netzwerke unter Zehn- bis Achtzehnjährigen.[99] Da das Anschauen von Clips und Filmen zu den beliebtesten Tätigkeiten von Kindern und Jugendlichen im Netz zählt[100], ist auch YouTube eine viel genutzte Plattform.[101] All diese Kanäle bieten die Möglichkeiten zur Selbstinszenierung und geben Orientierung, auch wenn es um den Aufbau der eigenen Geschlechtsidentität geht. Hier begegnen Jugendliche den dominanten Geschlechterstereotypen und inszenieren sich auffällig oft selbst entsprechend. In den beliebtesten Formaten werden Menschen nach ihrem Aussehen und Verhalten bewertet, und wer dem stereotypen Bild nicht entspricht, ist raus. Dies kann Jugendliche, je nachdem, wie stabil ihr Selbstbild und ihr Selbstwert sind, in ihrer Identitätsfindung und Selbstentfaltung beeinträchtigen. Hier ist es wichtig, dass sie Menschen an ihrer Seite haben, die ihnen liebevoll den Rücken stärken und sie medienkritisch begleiten. Noch immer sind die Suizidraten von queeren Jugendlichen überdurchschnittlich hoch[102], was zeigt, dass an dieser Stelle noch immer zu viel Ausgrenzung und Diskriminierung stattfindet. Das Internet bietet zwar Freiräume, aber der heteronormative Mainstream dominiert noch immer, vor allem weil Jugendliche keine ausreichenden Medienkompetenzen haben. Es gibt auch im Netz viele Möglichkeiten, insbesondere für queere Jugendliche, um empowert zu werden, allerdings kommen sie von selbst oft nicht an die entsprechenden Seiten[103]. Durch die Tabuisierung von Themen rund um Diversität in Alltag, Schule und Gesellschaft gelangen Jugendliche nicht an die Informationen, die sie an dieser Stelle unterstützen und ermächtigen könnten. So landen sie oft nur auf Mainstream-, Dating- oder Pornoseiten. Medienkompetenz zu vermitteln, Stereotype aufzudecken

99 Der Nutzer*innenanteil von WhatsApp liegt in den verschiedenen Altersgruppen zwischen 80 % und 95 %. Unter den 12- bis 18-Jährigen stellt Instagram das soziale Netzwerk mit dem zweithöchsten Nutzer*innenanteil dar. Bei den 10- bis 11-Jährigen steht TikTok hoch im Kurs. In einer Studie gaben 24 % der Befragten dieser Altersgruppe an, das Videoportal für die Lippensynchronisation von Musikvideos zu nutzen. Siehe »Umfrage zur Nutzung sozialer Netzwerke durch Kinder und Jugendliche nach Alter 2019«, Statista Research Department (Hg.), 2020.

100 Siehe Bernhard Weidenbach: »Umfrage zur regelmäßigen Nutzung von YouTube durch Jugendliche 2020 (nach Geschlecht)«, Statista 2021.

101 Weitere Infos zu sozialen Netzwerken und Plattformen findest du auf: https://klicksafe.de

102 Siehe Dennis Klein: »Mobbing treibt Selbstmordrate unter queeren Jugendlichen nach oben«, Queer.de, 2020, https://queer.de/detail.php?article_id=36211

103 Empfehlungen für Jugendliche

Queer Vanity, https://queervanity.com

Queerspiegel, https://tagesspiegel.de/gesellschaft/queerspiegel

der zaunfink, https://derzaunfink.wordpress.com

und den Blick für alternative Geschlechtervorstellungen wieder zu erweitern, sollte hier eine Aufgabe von Erwachsenen sein. In Bezug auf Vielfalt und Vorbilder für dein Kind im Alltag kannst du dich fragen: Wen gibt es im realen Umfeld? Wie vielfältig werden Geschlechter und Beziehungen gelebt? Was kann beobachtet werden und welche Menschen um uns herum könnten reelle Vorbilder sein?

Insbesondere beim Sexting zeigen Untersuchungen ein sehr stereotypes und gegendertes Verhalten von Jugendlichen. Beim Sexting werden sexuell explizite Texte sowie Videos und Bilder vom eigenen Körper online meist zwischen zwei Personen ausgetauscht. Hier erproben sich Jugendliche im partnerschaftlich-sexuellen Verhalten. Auffällig oft besteht die Rolle von Jugendlichen, die als Mädchen leben, darin, Bilder und Videos zu schicken. Oder sie drücken sich darum, weil sie befürchten, ihren Ruf oder ihr Ansehen zu verlieren. Wer die Pubertät als Junge erlebt, sammelt tendenziell eher Bilder und Videos und fordert diese ein, denn wer viele Bilder hat, steigt im Ansehen der Peergroup.

Die Auseinandersetzung mit Rollenerwartungen und Rollenverhalten gehören zur Pubertät. Selbst sexuelle Erregung, Selbstbefriedigung und Beziehungsverhalten sind in unserer Gesellschaft abhängig von Geschlecht. Dies schränkt alle Menschen ein, was in den gesellschaftlichen Diskursen zunehmend Betrachtung findet. Jugendliche an dieser Stelle konstruktiv einzubinden, ohne sie zu überfordern, ist wichtig und unverzichtbar. Auch hier gilt: Das musst nicht alles du begleiten, es gibt hilfreiche Literatur und gute Internetseiten.[104] Auch Lehrkräfte und pädagogische Fachkräfte haben wichtige Funktionen in dieser Hinsicht inne. Suche dir die Unterstützung, die du brauchst und die zu dir und deinem Kind passt. ~

104 Empfehlungen

Jugend und Medien – das Informationsportal zur Förderung von Medienkompetenz, https:// jugendundmedien.ch

klicksafe, https:// klicksafe.de

Schau hin, https://schau-hin.info

5.4. Alle brauchen Schutz, alle müssen lernen

Mit Blick auf die Pubertät kommen häufig Bedenken bezüglich der Sicherheit unserer Kinder hoch. Hier gibt es immer wieder Unterschiede mit Blick auf Jugendliche, die als Mädchen oder als Jungen in die Pubertät gehen. Den einen wird unterstellt, dass sie Betroffene von Gewalt sind und den anderen wird Übergriffigkeit zugeschrieben. Das zeigt sich im Alltag beispielsweise darin, dass Jungen gebeten werden, Mädchen im Dunkeln nach Hause zu bringen und danach alleine im Dunkeln zurück müssen. Wem wird Gefahr oder Angst im Dunkeln zugestanden und wem nicht? Die Gewaltbereitschaft von Männern gilt als Standard in den herrschenden Männlichkeitsvorstellungen und wird daher in gewisser Weise als »normal« bewertet. Dass Männer selbst auch Gewalt erfahren, wird seltener beleuchtet[105] und Statistiken zeigen, dass die Gewaltbereitschaft

105 Männer erleben die meiste Gewalt durch andere Männer, allerdings wird die Gewalt von Frauen gegenüber Männern in einer besonderen Art und Weise verschwiegen. Männer, die Gewalt durch Frauen erleben, erfahren eine starke Abwertung, was zeigt, wie wenig gewalttätige Frauen ernst genommen werden und welche Ansprüche an Männer und Männlichkeit gestellt werden. Siehe Hans-Joachim Lenz: »Männer als Opfer von Gewalt«, bpb Bundeszentrale für politische Bildung, 2004, https://bpb.de/apuz/27889/maenner-als-opfer-von-gewalt

von Mädchen zunehmend steigt. Die Motive sind bei allen sehr ähnlich, aber die Formen unterscheiden sich, so die aktuelle Forschung.[106] Wichtig ist, dass Kinder in der Lage sind, konstruktiv mit Stress umzugehen, alle Gefühle gleichberechtigt fühlen dürfen und in diesem Zusammenhang auch lernen, ihre Emotionen zu regulieren. Solange weibliche Sozialisation starke Gefühle wie Wut unterdrückt und männliche Sozialisation Tränen abwertet, werden Kinder, Jugendliche und Erwachsene weiterhin Auswege finden, die ihnen oder anderen schaden.

106 Siehe Christine Buth: »Gewalt bei Mädchen«, planet wissen, 28.06.2021, https://planet-wissen.de/gesellschaft/psychologie/jugendgewalt_in_deutschland/pwiegewaltbeimaedchen100.html

Ein wichtiger Aspekt ist auch, wie wir über Gewalt sprechen und wie sehr Geschlecht hierbei eine Rolle spielt. Wem wird grundsätzlich Stärke und Gewaltbereitschaft zugeschrieben und wer lernt schon früh die Rolle des Opfers anzunehmen? Diese Prägung drückt Kinder in eine Rolle, die als Jugendliche verstärkt wird und der sie auch als Erwachsene kaum entweichen können. Alle Geschlechter müssen lernen, dass ein »Ja« ein »Ja« ist und dass dieses »Ja« zu einem »Nein« werden kann, mit der Konsequenz, dass die Situation angepasst oder beendet werden muss. Egal, wie sehr das »Ja« auf der eigenen Seite noch steht. Häufig wird das »Nein« in der Prävention besonders betont und vom »Ja« nicht viel gesprochen. Das ist schade, denn im Miteinander gibt es viele »Jas« und die sollten auch in der Präventionsarbeit ihren Raum finden, denn sie können ein wichtiger Orientierungspunkt sein, wenn es darum geht, eine Situation anzupassen oder zu verändern, in der ein »Nein« auftaucht. Und doch muss der Umgang mit einer Ablehnung meist mehr geübt werden. Darauf beispielsweise mit Dankbarkeit zu reagieren, haben die wenigsten gelernt oder in ihrem Leben erlebt. Dabei ist den meisten Menschen bewusst, wie schwer es manchmal ist, ein »Nein« zu kommunizieren und welch ein Ausdruck von Vertrauen darin stecken kann.

Die Grundlage von gemeinsamem Spaß ist Konsens[107] und dieses Prinzip sollten alle Kinder, die in die Pubertät kommen, kennen und verstanden haben. Das ist ein hoher Anspruch, insbesondere mit dem Blick darauf, dass die meisten von uns Erwachsenen das selbst nicht gelernt haben und auch heute noch an dieser Stelle unsicher sind. Üben können wir das mit unseren Kindern zusammen. Es gibt viele Momente im Leben mit Kindern, wo wir große Freude miteinander haben oder wir beobachten, wie sie mit ihren Geschwistern oder anderen Kindern gemeinsam Spaß haben, zum Beispiel beim Toben. Wir können früh anfangen in Worte zu fassen, was die Grundlage von Konsens bildet — und zwar schon vom Kleinkindalter an. ~

107 Ein wunderbares Erklärvideo: »Beidseitiges Einverständnis – so einfach wie Tee«, https://youtube.com/watch?v=2ovcQgIN5G4

Hier stellen wir weitere Informationen zum 5. Kapitel für dich bereit:

Bücher, Instagram-Accounts, Onlinemagazine und Initiativen.

WIR ERWEITERN DEN GESELLSCHAFTLICHEN TUNNELBLICK FÜR DICH!

Den Blick weiten

Geschlecht in all seiner Offenheit und Vielfalt zu denken, kann herausfordernd sein. Und unser Weg beginnt nicht erst, wenn Kinder in unser Leben kommen, sondern beim eigenen Aufwachsen. Es kann überwältigend sein, das alles zu lesen, und es ist wichtig, sich immer wieder zu sagen: »Es geht um die kleinen, beständigen Schritte, und niemand muss sie alleine gehen!« Das große Ganze immer im Blick zu haben und ohne Fehler durch die Welt zu gehen, hilft keinem Kind. Es geht darum, immer wieder die Spanne der Ausdrucksmöglichkeiten von Geschlechtsidentität und sexueller Orientierung zu öffnen und den gesellschaftlichen Tunnelblick zu weiten, Vielfalt in die Sprache zu holen und darauf zu achten, Einseitigkeiten zu vermeiden. Kinder werden davon nicht überfordert oder manipuliert, sondern dürfen ganz im Gegenteil fühlen und erleben, dass sie fern aller Schubladen willkommen und richtig sind, so wie sie sind. Manchmal ist es schwer, einen Anfang zu finden, aber es ist das Anfangen, das zählt, und erste Schritte können noch so klein sein. Denn das Kleine in seiner Summe hat eine große Kraft. Hol dir Unterstützung, belies dich und freue dich an den Fehlern, die du selbst erkennst, denn dann kannst du aus ihnen lernen und mit dir dein Kind. ~

GLOSSAR

ASEXUELL

Menschen, die keine Lust auf Sex mit anderen haben. Manche kuscheln und/oder küssen gern. Manche nicht. Manche verlieben sich. Manche führen Liebesbeziehungen.

BEGEHREN

Jemanden sexuell anziehend finden.

BINÄR

Kommt vom lateinischen Begriff »bina« und bedeutet »doppelt, paarweise«. Der Begriff verdeutlicht, dass Geschlecht häufig auf ausschließlich zwei Geschlechter (männlich und weiblich) reduziert wird.

BISEXUELL

Wenn Menschen zwei oder mehr Geschlechter lieben/begehren.

CIS

Das bei der Geburt zugewiesene Geschlecht passt zum gefühlten Geschlecht.

CIS-FRAU

Eine Person, der bei der Geburt das weibliche Geschlecht zugewiesen wurde und die sich als Frau fühlt.

CIS-MANN

Eine Person, der bei der Geburt das männliche Geschlecht zugewiesen wurde und die sich als Mann fühlt.

GENDER

Englischer Begriff für Geschlechtsidentität, also das Wissen und Empfinden über das eigene Geschlecht. Ein Mensch kann sich als Mädchen/Frau, Junge/Mann oder auch jenseits dieser zwei Geschlechter identifizieren und das unabhängig vom sogenannten biologischen Geschlecht, das bei der Geburt zugewiesen wird. Der Begriff wird in verschiedenen Zusammenhängen verwendet und löst große Debatten aus. Eine Einordnung und Erklärung gibt es im 1. Kapitel.

GENDERFLUID

Menschen, die sich fließend zwischen all den Geschlechtern bewegen und leben.

GENDERQUEER

Menschen, die weder eindeutig weiblich noch eindeutig männlich sind. Das kann bedeuten, dass die Menschen zwischen männlich und weiblich wechseln oder dass sie sich dazwischen oder jenseits von weiblich und männlich verorten. Die Wechsel können phasenweise, kontextabhängig oder situativ sein.

GENDERSTERN

Derzeit eine beliebte Lösung, um die Vielfalt der Geschlechter sichtbar zu machen. Das Sternchen steht für die Vielzahl der Möglichkeiten, um Geschlecht zu leben und auszuleben.

HETEROSEXUELL

Frauen, die Männer lieben/begehren. Männer, die Frauen lieben/begehren.

HETEROSEXISMUS

Die Vorstellung, dass heterosexuelle Menschen normal und damit allen, die nicht heterosexuell sind, überlegen sind. Nicht-heterosexuelles Begehren wird abgewertet und abgelehnt, einhergehend mit sexistischen Vorstellungen.

HETERONORMATIVITÄT

Beschreibt, dass unsere Gesellschaft Zweigeschlechtlichkeit und Heterosexualität zur Norm macht. (siehe 1. Kapitel)

HOMOSEXUELL

Menschen begehren und lieben Menschen des gleichen Geschlechts.

HOMOFEINDLICHKEIT

Auch Homophobie, Abwertung, Diskriminierung und Gewalt gegen Menschen, die homosexuell sind oder deren Verhalten als homosexuell gelesen wird.

INTER

Menschen, deren angeborene Geschlechtsmerkmale keine eindeutige Geschlechtszuweisung zu der Norm von Jungen/Männern oder Mädchen/Frauen möglich machen.

LESBISCH

Wenn Frauen Frauen lieben/begehren.

LGBTIQ

Internationale Abkürzung für lesbian (lesbisch), gay (schwul), bisexuell, trans*, inter, queer.

NICHT-BINÄR

Menschen, die jenseits von Zweigeschlechtlichkeit leben.

OMNISEXUELL

Wenn Menschen andere Menschen unabhängig von deren Geschlecht lieben/begehren.

PANSEXUELL

Wenn Menschen andere Menschen unabhängig von deren Geschlecht lieben/begehren.

PRONOMEN

Ob ein Mensch mit »sie« oder »er« oder ganz anders angesprochen bzw. bezeichnet werden möchte.

QUEER

War und ist ein englischsprachiges Schimpfwort (schräg, falsch, komisch etc.) für alle, die nicht heterosexuell sind und/oder nicht in zweigeschlechtliche Normen passen. Der Begriff wurde sich angeeignet und zu einer positiven Selbstbezeichnung. Er kritisiert Heteronormativität.

REGENBOGENFAMILIE

Wenn die Elternteile nicht heteronormativ leben. Häufig Familien mit zwei Müttern und/oder zwei Vätern und/oder trans* Vätern/trans* Müttern.

SCHWUL

Wenn Männer Männer lieben/begehren.

SEXISMUS

Privilegierung von Männern und dem, was für männlich gehalten wird, sowie Abwertung von Frauen und dem, was für weiblich gehalten wird.

STERNCHEN*

Das Sternchen bei trans* steht für viele Endungen und damit auch für viele (Selbst-)Bezeichnungen. Es soll auch aufzeigen, wie konstruiert Geschlecht ist.

TRANS*

Das bei der Geburt zugewiesene Geschlecht passt nicht zum gefühlten Geschlecht. Zudem wird häufig Zweigeschlechtlichkeit hinterfragt und aufgebrochen.

TRANS* MÄDCHEN, TRANSMÄDCHEN

Kind/Jugendliche mit weiblicher Geschlechtsidentität, dem/der bei Geburt eine männliche Geschlechtsidentität zugewiesen wurde, meist auf Grundlage der Interpretation der Genitalien.

TRANS* FRAU, TRANSFRAU

Erwachsene Person mit weiblicher Geschlechtsidentität, der bei Geburt eine männliche Geschlechtsidentität zugewiesen wurde, meist auf Grundlage der Interpretation der Genitalien.

TRANS* JUNGE, TRANSJUNGE

Kind/Jugendlicher mit männlicher Geschlechtsidentität, dem bei Geburt eine weibliche Geschlechtsidentität zugewiesen wurde, meist auf Grundlage der Interpretation der Genitalien.

TRANS* MANN, TRANSMANN

Erwachsene Person mit männlicher Geschlechtsidentität, der bei Geburt eine weibliche Geschlechtsidentität zugewiesen wurde, meist auf Grundlage der Interpretation der Genitalien.

TRANS*FEINDLICHKEIT

Abwertung, Diskriminierung und Gewalt gegen Menschen, die trans* sind oder deren Verhalten als trans* gelesen wird.

ZWEIGESCHLECHTLICHKEIT

Beschreibt, dass medizinisch festgelegt wurde, dass es ausschließlich zwei Geschlechter gibt und diese sich gegenseitig ausschließen sowie gegensätzlich sind. Zwei Geschlechter gelten demnach als »normal« und »richtig« und alles andere als »falsch« und »Abweichung«.

Quellen

https://abqueer.de/informieren/begriffe

https://interventionen.dissens.de/materialien/glossar

https://regenbogenportal.de/glossar

http://nonbinary.org

ALLE MITARBEITENDEN

TUĞBA TANYILMAZ
Autorin
Vorwort

EDWIN GREVE
Autor
Vorwort

KARSTEN* KAEDING
Beratung

DANIELA THÖRNER
Hauptautorin

LISA SCHMIDT
Redaktionsleiterin

PAUL LINDE
Lektorat

SLINGA
Illustratorin

MARIE VON DEM BERGE
Verlegerin

CLAUDIA NIKSCHTAT
Korrektorat

AILEEN PUHLMANN
Autorin
Textbeitrag

STEFANIE FICHTER
Beraterin

NILS PICKERT
Autor
Textbeitrag

GABRIELA TEMESGEN
Autorin
Vorwort

LINUS GIESE
Autor
Textbeitrag

KATRIN PUTSCHBACH
Lektorat

ANNIKA PAETSCH
Grafikerin

LENA THÖRNER
Lektorat + Begleitung

YVONN BARTH
Verlegerin

NEUE LEKTÜRE FÜR GEMEINSAMES LERNEN

**Wir alle kennen den Elefanten im Raum.
Er steht da und wird immer größer,
je länger wir schweigen.
Lasst uns dieses Schweigen brechen.
Lasst uns schwierige Themen angehen,
Fragen stellen und Antworten finden.
Lasst uns gemeinsam lernen
und Dinge verändern.**

Die Reihe »Neue Lektüre für gemeinsames Lernen« bringt Eltern, Pädagog*innen, Kinder und Jugendliche in einen offenen, selbstbewussten und diskriminierungssensiblen Austausch. Sie vermittelt aktuelle Diskurse und eröffnet Perspektiven, bietet ganz konkrete Zugänge zu komplexen Themen, wird anschaulich gestaltet und zeitgenössisch illustriert. Neue theoretische Positionen und gesellschaftsrelevante Debatten werden so aufbereitet, dass sie im familiären und pädagogischen Bereich Anwendung finden – praxisnah, in verständlicher Sprache und für alle gut zugänglich.

Bereits in der Reihe erschienen

mit Texten in Einfacher Sprache

»Wie erkläre ich Kindern Rassismus?«
ISBN 978-3-9823681-0-8
Autor*in: Josephine Apraku
Illustration: Le Hong

»Bist du behindert, oder was?«
ISBN 978-3-9823681-3-9
Autorinnen: Rebecca Maskos, Mareice Kaiser
Illustration: Max Hillerzeder, Slinga

»Mein Workbook zu Rassismus«
ISBN 978-3-9823681-2-2
Autor*in: Josephine Apraku
Gestaltung: Amanda Haas

Kartenset »Lasst uns über Rassismus reden!«
EAN 4262388860140
Autor*in: Josephine Apraku
Gestaltung: Amanda Haas

IMPRESSUM

Mädchen, Junge, Kind
Geschlechtersensible Begleitung und Empowerment von klein auf
4. Auflage, August 2024
ISBN 978-3-9823681-1-5

Autorin
Daniela Thörner

Illustratorin
Slinga

Textbeiträge
Gabriela Temesgen, Tuğba Tanyılmaz, Edwin Greve, Nils Pickert, Aileen Puhlmann, Linus Giese

Verlegerinnen
Yvonn Barth, Marie von dem Berge

Verlag
Familiar Faces, Y. Barth u. M. v. d. Berge GbR
c/o Stil vor Talent, Wiener Str. 35, 10999 Berlin
familiarfaces.de

Programmleitung + Redaktion
Lisa Schmidt

Korrektorat
Claudia Nikschtat

Gestaltung + Satz
Yvonn Barth, Annika Paetsch

Danke
Lena Thörner (Lektorat, fachliche u. emotionale Begleitung), Paul Linde (inhaltliches Lektorat), Stefanie Fichter, ABqueer e. V. (inhaltliche Beratung), Katrin Putschbach (Lektorat, kollegiale Beratung), Karsten Kaeding (kollegiale Beratung)*

Druckerei
Druckhaus Sportflieger, Berlin

Druckprodukt mit finanziellem Klimabeitrag
ClimatePartner.com/10884-2408-1008

RECYCLED Papier aus Recyclingmaterial FSC® C104586

Made with love in Berlin

umweltschonende Produktion